RUSS HARRIS

Raus aus der Glücksfalle

RUSS HARRIS

Raus aus der Glücksfalle

Ein Umdenk-Buch in Bildern

Illustrationen von Bev Aisbett

KÖSEL

Aus dem Englischen von Ursula Bischoff

MIX
Papier | Fördert gute Waldnutzung
FSC® C004378

Penguin Random House Verlagsgruppe FSC® N001967

Die Originalausgabe erschien unter dem Titel »The Happiness Trap Pocketbook. An illustrated guide on how to stop struggling and start living« by Exisle Publishing Limited, Wollombi, Australien.

6. Auflage 2025

in der Penguin Random House Verlagsgruppe GmbH,
Neumarkter Str. 28, 81673 München
produktsicherheit@penguinrandomhouse.de
(Vorstehende Angaben sind zugleich Pflichtinformationen nach GPSR)

Umschlaggestaltung und -motiv: Oliver Weiss, oweiss.com
Druck und Bindung: PBtisk, a.s., Příbram
Printed in the Czech Republic
ISBN 978-3-466-31007-4
www.koesel.de

INHALT

Wie Sie das Buch nutzen können

Herzlich willkommen zum Buch *Raus aus der Glücksfalle* – eine bebilderte und abgespeckte Ausgabe des internationalen Bestsellers *The Happiness Trap* (auf Deutsch: *Wer dem Glück hinterherrennt, läuft daran vorbei*). Es gibt mindestens drei Möglichkeiten, das Buch zu nutzen:

1. **Als leicht lesbare Einführung in die Akzeptanz- und Commitment-Therapie**

Dieses Buch enthält eine leicht nachvollziehbare und kurzweilige Einführung in die Schlüsselkonzepte der Akzeptanz- und Commitment-Therapie (ACT), die neue Wege zu einem erfüllten, sinnvollen Leben aufzeigt. Es soll vor allem diejenigen ansprechen, die mit Selbsthilfebüchern nach klassischem Muster weniger anfangen können oder infolge von Stress, Sorgen oder Tiefschlägen im Leben Probleme mit einer umfangreichen Lektüre haben. Natürlich hoffen wir, dass Sie danach einen Blick in die ursprüngliche Version des Buches werfen, die sich in allen Einzelheiten mit ACT befasst.

2. **Als Ergänzung zu einer professionellen Beratung oder Therapie**

Falls Sie derzeit die Hilfe eines professionellen Beraters oder Therapeuten in Anspruch nehmen, der mit der ACT-Methode arbeitet, wird sich dieses Buch als nützliche Ergänzung erweisen. Sie können die Kapitel vorab lesen, um sich auf die Sitzungen vorzubereiten, oder sich im Anschluss damit befassen, als Gedächtnisstütze.

3. **Als kurzen Auffrischungskurs**

Falls es schon eine Weile her ist, seit Sie *Wer dem Glück hinterherrennt, läuft daran vorbei* gelesen haben, können Sie das vorliegende Buch als kurzen Auffrischungskurs benutzen, um sich die Schlüsselkonzepte und Übungen noch einmal vor Augen zu halten.

Eine wichtige Botschaft

Die Lektüre allein reicht nicht aus, um einen merklichen Unterschied in Ihrem Leben zu bewirken. Sie werden auch die Übungen absolvieren müssen, wenn Sie ein reiches, erfülltes und sinnvolles Leben anstreben. Tennis- oder Gitarrespielen lernt man schließlich auch nicht ausschließlich anhand theoretischer Anleitungen. Die Fähigkeiten und Fertigkeiten im jeweiligen Lebensbereich entwickeln Sie nur durch die empfohlenen praktischen Übungen.

Natürlich steht es Ihnen frei, das Buch rasch durchzulesen und danach zurückzublättern, um mit den Übungen zu beginnen. Aber es ist weit effektiver, sie schon im ersten Durchgang an der entsprechenden Stelle im Text durchzuführen.

Bleibt mir nur mehr, Ihnen viel Glück zu wünschen. Und denken Sie daran: Das Leben hält das Beste für diejenigen bereit, die das Beste aus dem machen, was das Leben für sie bereithält.

In diesem Sinne: Gutes Gelingen!

Russ Harris

Einführung

Wenn du GLÜCKLICH bist, dann KLATSCHE IN DIE HÄNDE …

OJE!

Eigentlich sollten wir glücklich sein, oder?

Darauf weisen zumindest die meisten Selbsthilfebücher hin – wenn wir positiv denken, wird alles **gut**! Doch der Versuch, sich fortwährend um eine positive Einstellung zu bemühen, kann **nervenaufreibend** sein!

Mein Hund ist tot, ich bin arbeitslos, meine Frau hat mich verlassen … doch alles ist GUT!

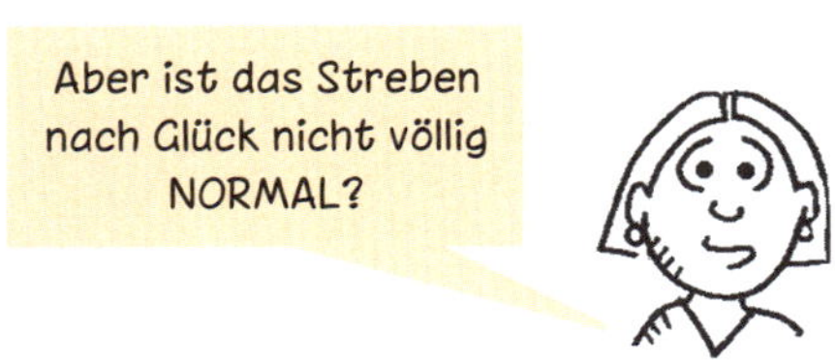
Aber ist das Streben nach Glück nicht völlig NORMAL?

Man sollte meinen, dass wir in der westlichen Welt glücklich sein müssten, weil wir Zugang zu vielen Komponenten haben, aus denen wir unser Glück schmieden können. Wir haben

ein Dach über dem Kopf

ausreichende & hochwertige Nahrung

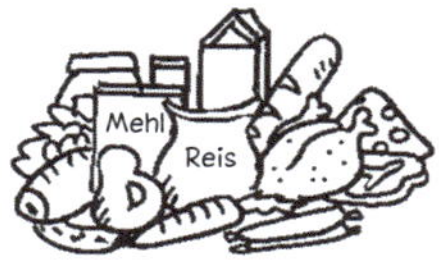

ausgezeichnete medizinische Versorgung

WIR HABEN

Bildungs-einrichtungen

Justizgrundrechte

Sozialleistungen

sauberes Trinkwasser

&

sanitäre Einrichtungen

Und darüber hinaus **PRIVILEGIEN** wie

Reisefreiheit

Meinungsfreiheit

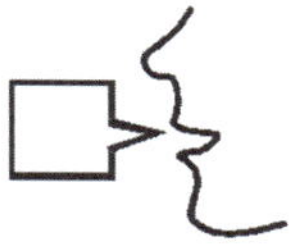

Wahlrecht

Doch Fakt ist, dass wir unter dem Strich **keineswegs** glücklich sind. Ganz im Gegenteil, oft fühlen wir uns sogar absolut **miserabel**!

Davon zeugen einige ernüchternde Statistiken:

Jeder Zehnte leidet unter einer KLINISCHEN DEPRESSION.

Jeder Fünfte gerät irgendwann in seinem Leben an einen absoluten TIEFPUNKT.

Jeder Vierte hatte oder hat ein SUCHTPROBLEM.

Bei 30 Prozent der erwachsenen Bevölkerung wird eine PSYCHISCHE STÖRUNG diagnostiziert.

Fast die **Hälfte** unserer Bekannten hat irgendwann einmal **ernsthaft an Selbstmord** gedacht …

… und jeder Zehnte UNTERNIMMT tatsächlich einen Selbstmordversuch!

Warum fällt es uns so SCHWER, glücklich zu sein?
Um die Frage zu beantworten, müssen wir die ENTWICKLUNGSGESCHICHTE des menschlichen Geistes zurückverfolgen!
BITTE ANSCHNALLEN!
WOW!!
Hier sehen wir einen Jäger und Sammler aus grauer Vorzeit. Welche BEDÜRFNISSE könnte er haben?
Hm … ich schätze, EXISTENZIELLE Grundbedürfnisse!
Wasser
Essen
Unterschlupf
Sex
… und ein weiteres Bedürfnis von ALLERHÖCHSTER Priorität!
ÜBERLEBEN
um jeden Preis!

Je besser es uns gelingt, Gefahren vorauszusehen und zu vermeiden, desto größer sind unsere ÜBERLEBENSCHANCEN!
Gut? Schlecht? Nützlich?
Ja, aber in meiner Nachbarschaft gibt es keine SÄBELZAHNTIGER mehr! Was hat das alles mit dem Glücksgefühl in unserer heutigen Zeit zu tun?
Schauen wir uns mal an, wie sich die Menschheit ENTWICKELT hat! Vergleichen wir die »GEFAHREN«, denen sich unsere Vorfahren gegenübersahen, mit den vermeintlichen »GEFAHREN«, die uns heute zu schaffen machen – von denen die meisten vermutlich nie eintreten werden!
Wahrscheinlich haben wir im Lauf der Entwicklungsgeschichte nur unsere Fähigkeit verbessert, nach PROBLEMEN Ausschau zu halten!
RAUBTIERE
SCHLECHTES WETTER
KRANKHEIT
WASSER- ODER NAHRUNGSMANGEL
HYPOTHEK
ZURÜCKWEISUNG
KRIEG
BLAMAGE
ARBEITSLOSIGKEIT
BEZIEHUNGSSTRESS
UNBEZAHLTE RECHNUNGEN
FINANZIELLER RUIN
STRAFZETTEL
DIEBSTAHL
UMWELT-VERSCHMUTZUNG
Klimawandel
ANGST VOR KREBS
ANGST VOR GEWALT
DROGEN
FETTLEIBIGKEIT
STATUSSYMBOLE

Was war deiner Meinung nach bei unserem Freund in grauer Vorzeit die größte BEDROHUNG für das Überleben?
Mal sehen ... soziale ISOLATION hätte sich als fatal erweisen können!
Genau! Ohne den Schutz des Stammes wäre er zur LEICHTEN BEUTE geworden!
Und welche Relevanz hat das für unsere »MODERNEN ZEITEN«?
Wir FÜRCHTEN uns noch immer vor ZURÜCKWEISUNG und versuchen uns durch Anpassung vor einer Ausgrenzung zu schützen!
Passe ich in das SCHEMA?
Mache ich etwas FALSCH?
Bin ich genauso GUT wie die anderen?

Damals war die soziale Vergleichsgruppe klein!
Heute leben wir in einer GLOBALEN GESELLSCHAFT!
reicher
klüger
berühmter
sexuell attraktiver
Für einen ehrgeizigen Vorfahren lautete die Erfolgsformel: MEHR = BESSER
Nun, das hat sich mit Sicherheit NICHT GEÄNDERT!
Ungeachtet dessen, wie viel wir haben, wir wollen noch mehr!
Stimmt, heute neigt unser Verstand dazu, sich auf den MANGEL zu konzentrieren und Unzufriedenheit zu schüren!

Wie sieht das GLÜCK also aus, dem wir immerzu nachjagen?

»Der eigentliche Sinn des Lebens besteht darin, glücklich zu sein.«
Dalai Lama

»Glück« hat zwei unterschiedliche Bedeutungen …

1. EIN GUTES GEFÜHL

Da sich Glück **gut** anfühlt, **jagen** wir ihm nach, stellen aber fest, dass es **nicht von Dauer** ist.

Und diesem Glück ein Leben lang hinterherzulaufen ist nicht nur **unbefriedigend**:
Je mehr wir uns bemühen, ausschließlich angenehme Gefühle zuzulassen, desto größer die **Sorge** und **Niedergeschlagenheit**, sobald sie uns entgleiten.

2.
EINE AKTIVE PHILOSOPHIE

Die zweite Definition stützt sich auf Strategien, die den Aufbau eines REICHEN, ERFÜLLTEN und SINNVOLLEN LEBENS fördern.

Das erfordert die Fähigkeit ...

in Situationen, die uns wirklich wichtig sind, effektiv zu handeln.

den Weg zu einem Ziel einzuschlagen, das uns wertkonform oder der Mühe wert erscheint.

uns in das, was wir tun, voll einzubringen.

Damit begrüßen wir das Leben mit ALL seinen Facetten!

Doch ein facettenreiches Leben geht auch mit der GESAMTEN PALETTE menschlicher Emotionen einher.

Natürlich hätten wir am liebsten nur GUTE GEFÜHLE, doch der verzweifelte Versuch, unangenehme Gefühle zu vermeiden, ist von vornherein zum SCHEITERN verurteilt.

Fakt ist – das Leben beinhaltet auch Kummer und Leid:

Verlust

Trennung oder Scheidung

Zurückweisung

Krankheit oder Gebrechlichkeit

DIE GUTE NACHRICHT LAUTET ...

Wir können den Umgang mit schmerzlichen Gefühlen lernen, indem wir

- ihnen Raum verschaffen,
- uns über sie erheben,
- ein sinnvolles, erfülltes Leben aufbauen.

Wir zeigen Ihnen, wie Ihnen das mithilfe von ACT – der Akzeptanz- und Commitment-Therapie – gelingt.

KAPITEL 1

Märchen

Und sie lebten GLÜCKLICH UND ZUFRIEDEN bis ans Ende ihrer Tage ...
Wir werden auch glücklich und zufrieden bis ans Ende unserer Tage leben oder, Mami?

Ein **Happy End** ... das sollte das Leben für uns bereithalten, oder? Doch ist das **realistisch**? Entspricht das unserer persönlichen Lebenserfahrung?

Hm ...
Krankheit
Geldsorgen
Arbeitslosigkeit
Liebeskummer
Stress
globale Erwärmung
Verluste

Mit der Erwartung, das Leben müsse uns immerwährendes Glück bescheren, enden wir unweigerlich in der **GLÜCKSFALLE.**

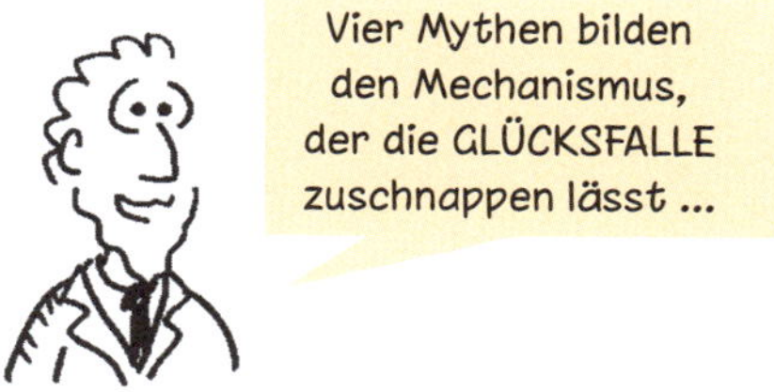
Vier Mythen bilden den Mechanismus, der die GLÜCKSFALLE zuschnappen lässt ...

MYTHOS 1:
GLÜCK IST DER NATÜRLICHE ZUSTAND DES MENSCHEN

Unsere Kultur besteht darauf, dass alle Menschen von Natur aus glücklich sind. Doch die besorgniserregenden Statistiken über mentale Erkrankungen, die in der Einführung erwähnt wurden, strafen diese Annahme Lügen.
Und abgesehen von den diagnostizierten psychischen Störungen gibt es noch Probleme wie:

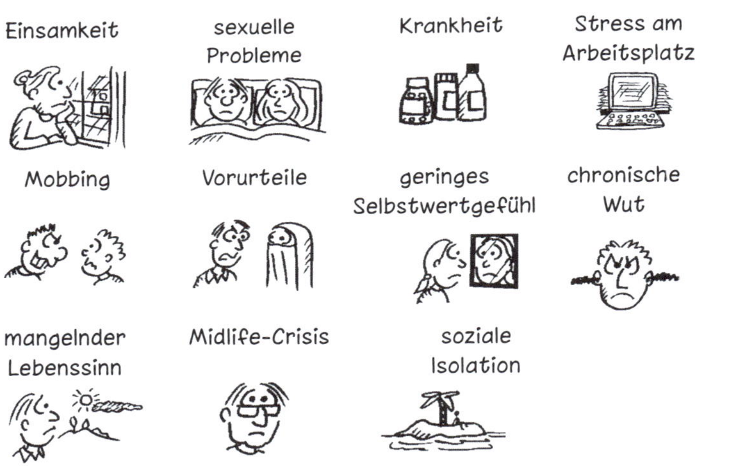
Einsamkeit
sexuelle Probleme
Krankheit
Stress am Arbeitsplatz
Mobbing
Vorurteile
geringes Selbstwertgefühl
chronische Wut
mangelnder Lebenssinn
Midlife-Crisis
soziale Isolation

Dauerhaftes Glück ist in Wirklichkeit eher die AUSNAHME, doch viele von uns sind zu dieser Überzeugung gelangt ...
Alle sind glücklich, nur ICH NICHT!
Eine Einstellung, die das UNGLÜCKLICHSEIN noch verstärkt!

MYTHOS 2:
WENN DU NICHT GLÜCKLICH BIST, STIMMT ETWAS NICHT MIT DIR

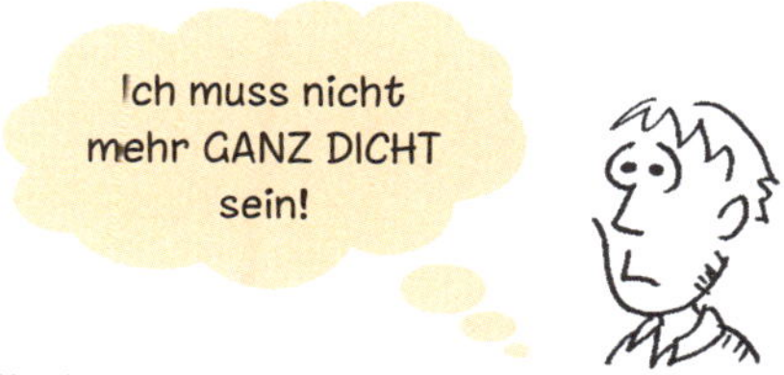
Ich muss nicht mehr GANZ DICHT sein!

Unsere Gesellschaft neigt zur Annahme, psychisches Leid sei **abnorm**: Ein Zeichen der **Schwäche** oder eine **Krankheit**, verursacht durch **Fehler** oder **Mängel** auf der geistig-seelischen Ebene.

Hör auf, dir ständig Sorgen zu machen.
Kann ich nicht! Das ist KRANKHAFT bei mir!

Das bedeutet, dass wir uns selber Vorwürfe machen, wenn sich schmerzliche Gedanken und Gefühle einstellen.

Ich bin eine MEMME!
Ich bin eine DUMME GANS!

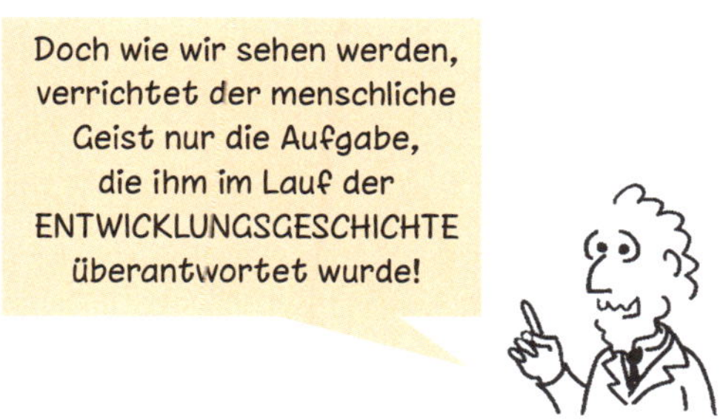
Doch wie wir sehen werden, verrichtet der menschliche Geist nur die Aufgabe, die ihm im Lauf der ENTWICKLUNGSGESCHICHTE überantwortet wurde!

DAS ACT-PRINZIP:
Die NORMALEN Denkprozesse eines GESUNDEN Geistes schaffen unweigerlich psychisches Leid!

MYTHOS 3:
UM UNSERE LEBENSQUALITÄT ZU VERBESSERN, MÜSSEN WIR NEGATIVE GEFÜHLE LOSWERDEN

Der derzeitige Trend zur Wohlfühlgesellschaft fordert uns auf, »negative« Gefühle aus unserem Repertoire **auszusondern** und »positive« zu **horten**.

Doch die Dinge, die wir im Leben am meisten wertschätzen, rufen eine breit gefächerte Palette von Gefühlen hervor, **angenehme** und **unangenehme**.

In einer langfristigen Beziehung gibt es beispielsweise immer **Licht-** …

aber auch **Schattenseiten.**

Alle **wichtigen** Ereignisse im Leben bringen sowohl Freud als auch Leid mit sich – eine Achterbahn der Gefühle!

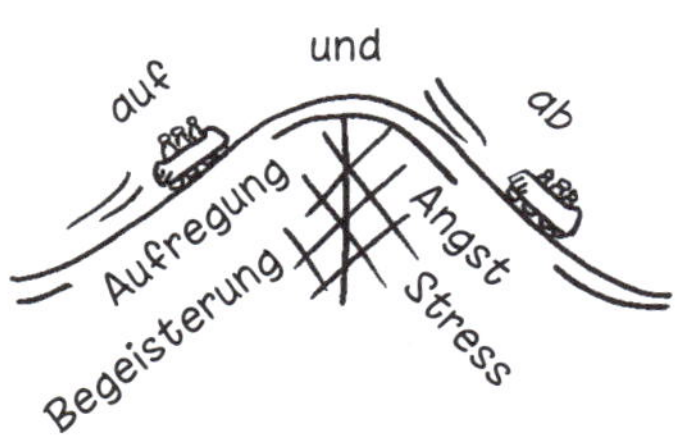

Das Leben voll ausschöpfen heißt, auch die **unangenehmen Gefühle** zulassen.
Den **richtigen Umgang** mit ihnen zu lernen ist unerlässlich.

MYTHOS 4:
WIR SOLLTEN IN DER LAGE SEIN, UNSERE GEDANKEN UND GEFÜHLE ZU KONTROLLIEREN

Viele Selbsthilfeprogramme klammern sich noch heute an dieses Märchen, indem sie empfehlen, **»negative«** Gedanken durch **»positive«** zu ersetzen.

mit Affirmationen arbeiten … … oder mit Visualisierungen.

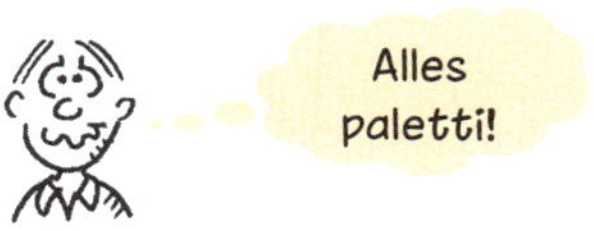
Alles paletti!

$ ♥ ☆

Der Grundgedanke hinter diesen Strategien lautet: **»Glückliche Gedanken machen automatisch glücklich.«**

Wenn das Leben nur so **einfach** wäre! Doch mehr als 100 000 Jahre der Evolution setzen eine Handvoll Affirmationen locker außer Kraft!

Selbst wenn es uns im Zustand relativer **Ruhe** und **Gelassenheit** gelingen sollte, die Kunst des positiven Denkens zu beherrschen, schleichen sich negative Gedanken und Gefühle wieder ein, sobald wir unter **Stress** stehen.

Wut
Traurigkeit
Verunsicherung
Schuldgefühle
lalala
glücklich
glücklich

Sie kommen und gehen, kommen und gehen – sie in Schach zu halten, kann an sich schon aufreibend sein!

Oh weh!
Ich darf
keinesfalls
traurig / wütend /
frustriert sein!

Mit diesen vier grundlegenden Mythen ziehen wir in einen Kampf, den wir **niemals gewinnen** können.

Soll das heißen, negative Gedanken und Gefühle sind völlig NORMAL?
Ja. KUMMER und LEID gehören unabdingbar zum Leben.
Wie konnten sich diese Mythen in unserer Kultur SO LANGE halten?
Da wir ein hohes Maß an KONTROLLE über die materielle Welt besitzen, gehen wir davon aus, dass wir unsere Innenwelt genauso fest im Griff haben. Doch das ist ein TRUGSCHLUSS.
Das beweisen folgende EXPERIMENTE:

1. Versuchen Sie, 30 Sekunden lang jeden Gedanken an Eiscreme zu verbannen. Denken Sie weder an die Farbe noch an die Konsistenz oder den Geschmack.

VERFLIXT!
Nicht daran denken!

2. Betrachten Sie eine Minute lang diesen Stern – ohne daran zu denken!

VERFLIXT!

3. Stellen Sie sich vor, jemand hält Ihnen eine Waffe an die Schläfe und sagt: »Keine Angst … sonst erschieße ich dich!«

Ich glaube, das war's dann wohl!

4. Rufen Sie sich eine bestimmte Situation ins Gedächtnis zurück. Und nun vergessen Sie sie wieder.

Geht nicht.

5. Nehmen Sie den Innenraum Ihres Mundes wahr. Stellen Sie sich vor, er wäre taub.

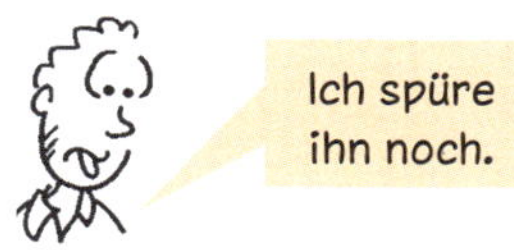
Ich spüre ihn noch.

Von Kindesbeinen an bläut man uns ein, dass wir in der Lage sein sollten, unsere Gefühle zu **kontrollieren**.

Jungen weinen nicht.
Mach nicht so ein missmutiges Gesicht.
Hör auf, dich zu bemitleiden.
Es besteht kein Grund zur Besorgnis.

Diese frühkindliche Programmierung wird mit zunehmendem Alter **verstärkt**.

Heulsuse!
Entspann dich!
Reg dich ab!
Angsthase!

Damit wird stillschweigend angedeutet, dass wir unsere Gefühle ganz nach Belieben, mit **reiner Willenskraft**, ein- und ausschalten können.

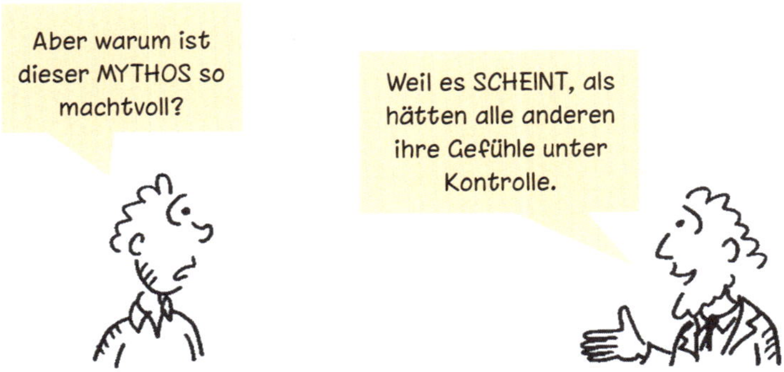
Aber warum ist dieser MYTHOS so machtvoll?
Weil es SCHEINT, als hätten alle anderen ihre Gefühle unter Kontrolle.

Fakt ist, dass die meisten Menschen ihre inneren Kämpfe hinter der **Maske** der kompetenten Selbstregulierung verbergen …

Sorge
Sorge
Sorge
Keine Sorgen, Kumpel!

… und diese Fassade trägt zusätzlich zur **Illusion** der Kontrolle bei.

KAPITEL 2

Teufelskreise

Was läuft in Ihrem Leben schief?

Ich habe Beziehungsprobleme!
Ich hasse meinen Job!
Ich bin einsam.
Ich habe gesundheitliche Probleme.
Ich fühle mich ausgegrenzt.
Ich habe mein Selbstvertrauen verloren.
Ich bin suchtkrank.
Ich stecke in finanziellen Schwierigkeiten.
Ich trete auf der Stelle.
Ich habe Angst.
Ich bin depressiv.
Ich bin unglücklich, obwohl ich alles habe, was ich brauche.

Probleme, gleich welcher Art, rufen **unangenehme Gedanken** und **Gefühle** hervor, die wir über Bord werfen möchten.

Ich habe versucht, sie zu IGNORIEREN!
Ich habe versucht, sie AUSZUMERZEN.
Ich habe versucht, sie AUSZUBLENDEN.

Der krampfhafte Versuch, sich unerwünschter Gefühle zu entledigen, VERSCHLIMMERT sie noch!
Was heißt das?

Je mehr wir uns bemühen, sie **loszuwerden**, zu **vermeiden** oder ihnen zu **entkommen**, desto **intensiver** werden sie.

Ich habe Angst vor Zurückweisung.
Wenn ich versuche, Kontakte zu knüpfen, laufe ich Gefahr, auf Ablehnung zu stoßen.
Deshalb meide ich jede Form der Geselligkeit.
Und fühle mich NOCH STÄRKER ausgegrenzt!

Alkohol hilft mir, meine Angst vor SOZIALEN SITUATIONEN zu bewältigen.
Oh nein! Habe ich mich gestern Abend wirklich SO daneben-benommen?
Und dafür habe ich so viel GELD ausgegeben!
Ich kann keinem mehr unter die Augen treten, ich SCHÄME mich zu Tode!

Schokolade ist für mich ein STIMMUNGSRETTER.
Zumindest zeitweilig!
Gewicht Kg

Du denkst nur an deine Arbeit! Kannst du nicht einmal PÜNKTLICH Feierabend machen?
Aha, wieder mal DICKE LUFT zu Hause!
WO steckst du?
Ich muss ÜBERSTUNDEN machen.

Es gibt zwei Strategien, mit deren Hilfe wir versuchen, schmerzliche Gedanken und Gefühle zu vermeiden: **Kampf** oder **Flucht**.

KAMPF

Der Versuch, gegen unerwünschte Gedanken / Gefühle anzukämpfen, durch:

UNTERDRÜCKUNG

Unerwünschte Gedanken oder Gefühle werden auf einer tiefen Bewusstseinsebene mit aller Gewalt verdrängt.

MENTALER SCHLAGABTAUSCH

Du bist ein VERSAGER!
Bin ich NICHT!

Wir versuchen, negative Gedanken infrage zu stellen und zu widerlegen.

FLUCHT

Der Versuch, vor unerwünschten Gedanken / Gefühlen davonzulaufen oder die Augen zu verschließen, durch:

SICH BEDECKT HALTEN / SICH ENTZIEHEN

Wir gehen Situationen aus dem Weg, in denen wir uns unwohl fühlen.

ABLENKUNG

Wir konzentrieren uns bewusst auf andere Dinge, um unliebsamen Gedanken und Gefühlen auszuweichen.

DAS KOMMANDO ÜBERNEHMEN

Jetzt reicht`s!
Immer mit der Ruhe!
Kopf hoch!

Wir versuchen, ein besseres Gefühl zu erzwingen.

AUSBLENDEN / SICH BETÄUBEN

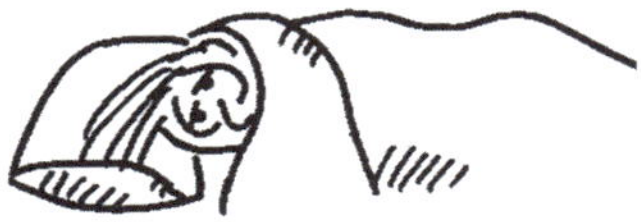

Wir versuchen, das Bewusstsein angesichts solcher Gedanken / Gefühle »auszuschalten«.

SELBSTTYRANNEI

Idiotisch!
Mach doch nicht aus allem ein DRAMA!

Wir gehen hart mit uns ins Gericht, weil wir negative Gedanken / Gefühle haben.

MEDIKAMENTE UND DROGEN

Wir greifen zu Medikamenten, Alkohol oder Drogen, um dem Schmerz zu entgehen.

Aber was soll falsch sein an diesen Strategien? Sie tragen doch dazu bei, die Situation in den Griff zu bekommen!
Nichts – solange sie nur in Notfällen eingesetzt werden ...

- Mit Augenmaß
- Vorübergehend, sofern sie tatsächlich wirken
- Wenn sie uns nicht an Aktivitäten hindern, die uns wichtig sind

Sich beispielsweise nach einem Streit oder einem anstrengenden Tag **abzulenken**, kann hilfreich sein …

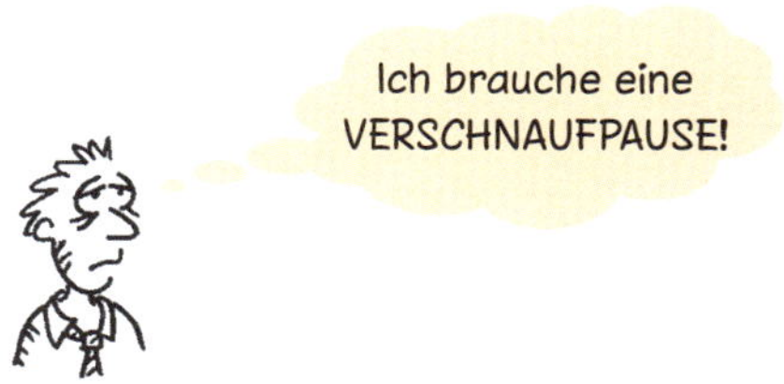
Ich brauche eine VERSCHNAUFPAUSE!

… doch wenn wir uns **Abend für Abend** ablenken, geht das Leben ohne uns weiter!

Langeweile und Blabla

Jede exzessiv angewandte Methode der Schmerzvermeidung schafft weitere, noch **größere Probleme**:

Oh ja, SCHOKOLADE!

Oh nein, DIABETES!
Dr. med.

Das lenkt mich vom PRÜFUNGSSTRESS ab!
6

Tief verwurzelter Schmerz **vergeht nicht**, auch wenn wir ihn in uns vergraben!

Ich schaffe es nicht, mich dem Schmerz zu stellen!
Deshalb MEIDE ich ihn!
Aber er kehrt immer wieder ZURÜCK!
Deshalb muss ich mich NOCH MEHR bemühen, ihm aus dem Weg zu gehen!

Schmerzliche Gefühle zu vermeiden hält uns von Aktivitäten ab, die uns etwas **bedeuten**:

Ich gehöre einer Theatergruppe an. Die Bühne ist mein Leben!
Aber ich habe im Moment ganz andere Sorgen.
Deshalb muss ich leider aussteigen.
HEUTE Auf-führung

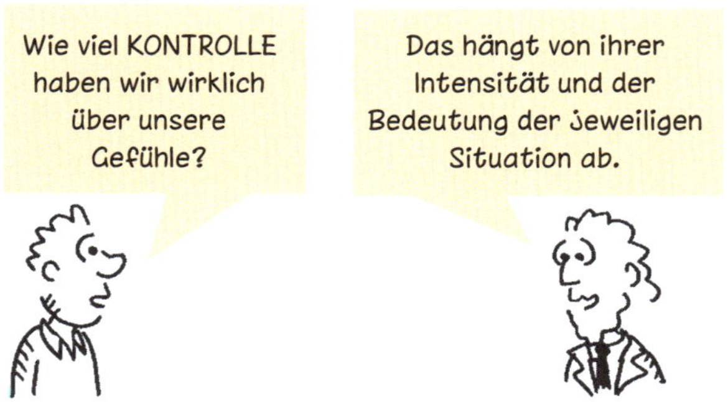
Wie viel KONTROLLE haben wir wirklich über unsere Gefühle?
Das hängt von ihrer Intensität und der Bedeutung der jeweiligen Situation ab.

Oft genügt eine einfache **Entspannungstechnik**, um nach einem stressreichen **Arbeitstag** abzuschalten …

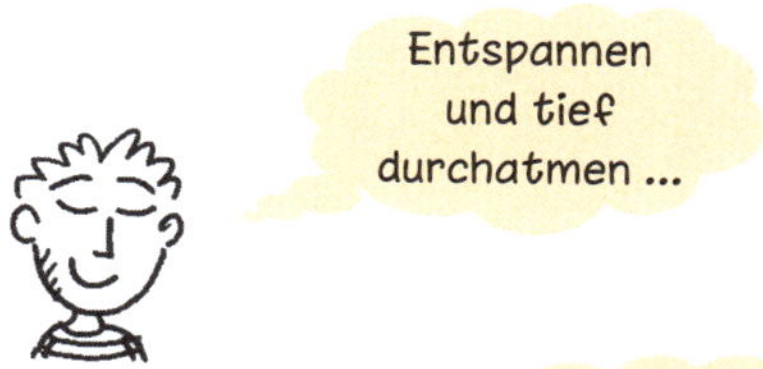
Entspannen
und tief
durchatmen …

… aber bei **Angstzuständen** reicht das nicht aus!

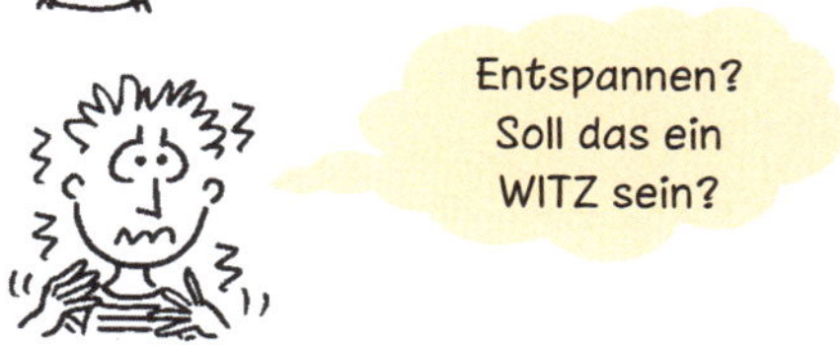
Entspannen?
Soll das ein
WITZ sein?

Dem Chaos in einem Raum
einfach KEINE BEACHTUNG
zu schenken ist möglich …

… aber einen
geschwollenen
Lymphknoten zu
ignorieren dürfte
schwerfallen.

Wie hängt das
alles mit der
GLÜCKSFALLE
zusammen?

Die Falle besteht in der
Unfähigkeit, zu erkennen,
dass diese Strategien,
schmerzliche Gefühle
zu vermeiden, völlig
UNWIRKSAM sind:

- Sie kosten viel Zeit und Energie.
- Sie wecken ein Gefühl der eigenen Unzulänglichkeit, wenn die unliebsamen Gedanken / Gefühle zurückkehren.
- Sie haben oft langfristige negative Auswirkungen auf Gesundheit und Wohlbefinden.

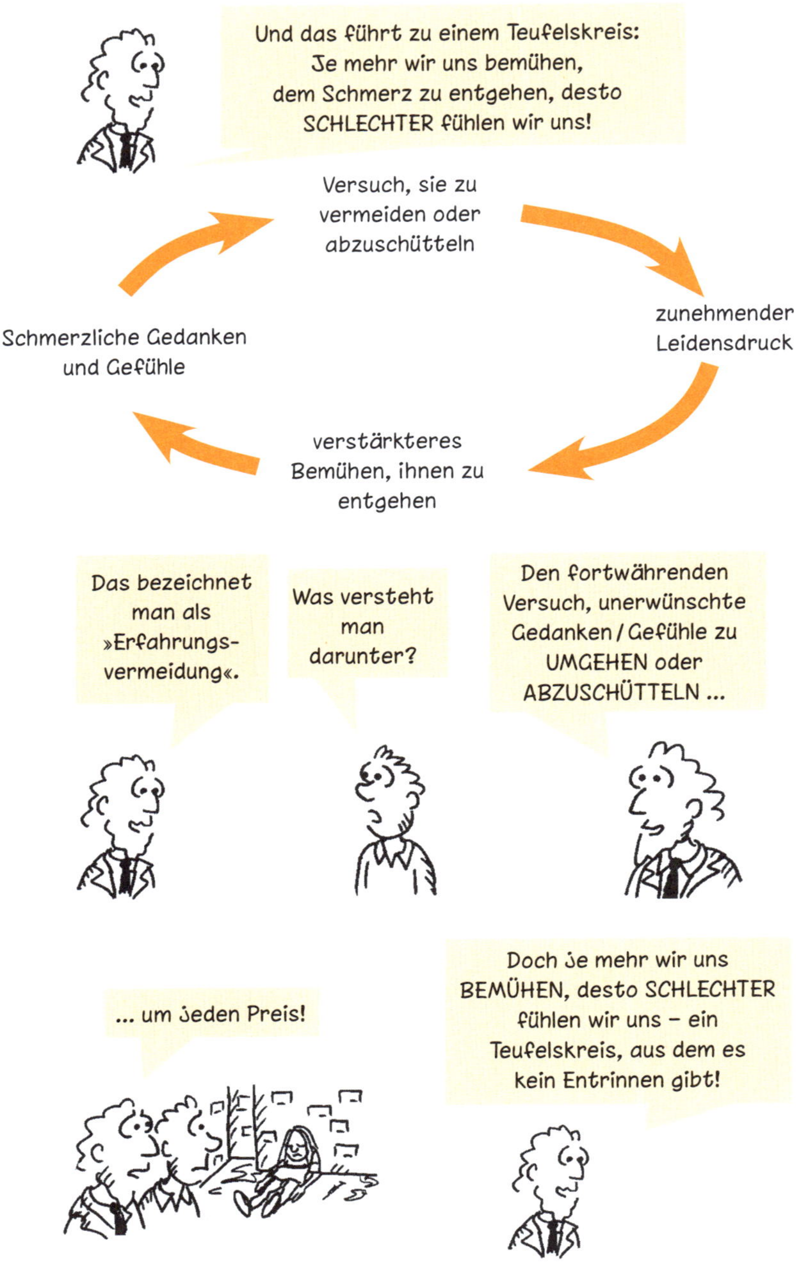
Und das führt zu einem Teufelskreis: Je mehr wir uns bemühen, dem Schmerz zu entgehen, desto SCHLECHTER fühlen wir uns!
Versuch, sie zu vermeiden oder abzuschütteln
zunehmender Leidensdruck
verstärkteres Bemühen, ihnen zu entgehen
Schmerzliche Gedanken und Gefühle
Das bezeichnet man als »Erfahrungsvermeidung«.
Was versteht man darunter?
Den fortwährenden Versuch, unerwünschte Gedanken / Gefühle zu UMGEHEN oder ABZUSCHÜTTELN ...
... um jeden Preis!
Doch je mehr wir uns BEMÜHEN, desto SCHLECHTER fühlen wir uns – ein Teufelskreis, aus dem es kein Entrinnen gibt!

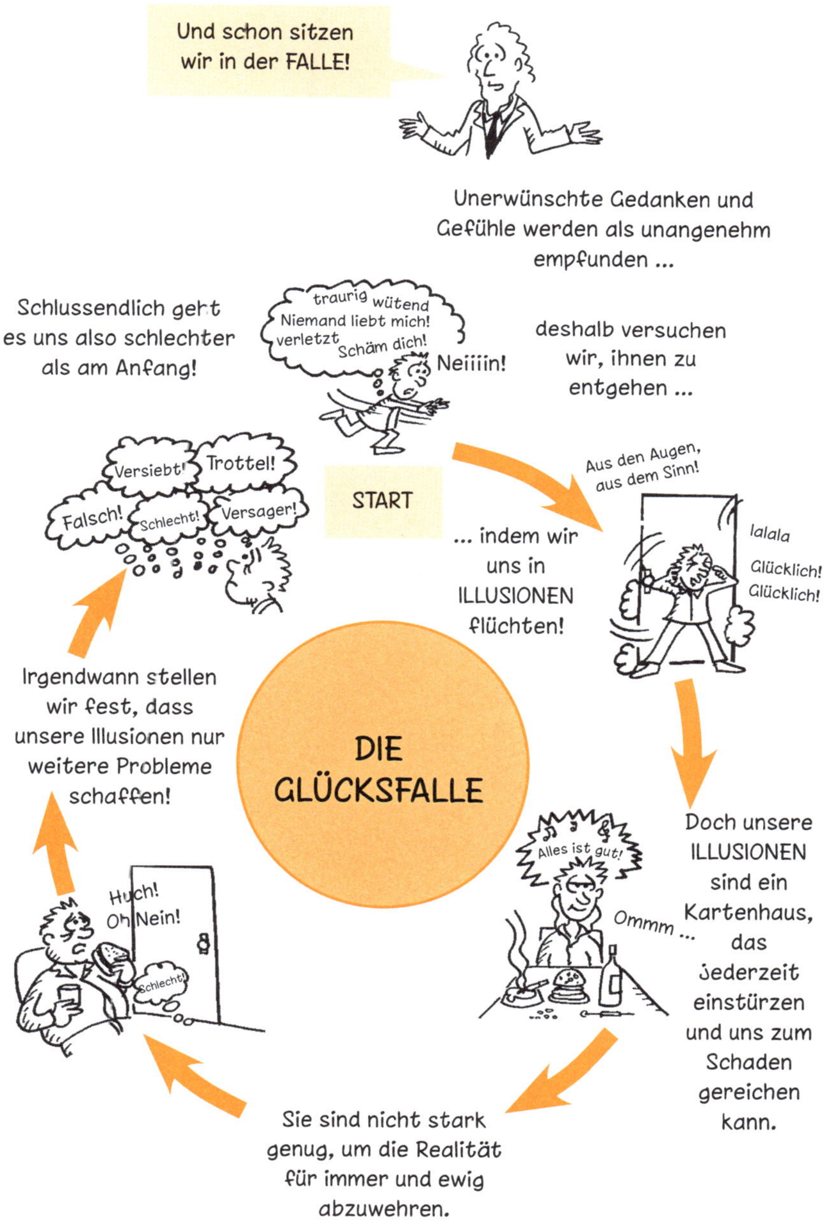
Und schon sitzen wir in der FALLE!
START
Unerwünschte Gedanken und Gefühle werden als unangenehm empfunden ...
traurig
wütend
Niemand liebt mich!
verletzt
Schäm dich!
Neiiiin!
deshalb versuchen wir, ihnen zu entgehen ...
... indem wir uns in ILLUSIONEN flüchten!
Aus den Augen, aus dem Sinn!
lalala
Glücklich!
Glücklich!
DIE GLÜCKSFALLE
Doch unsere ILLUSIONEN sind ein Kartenhaus, das jederzeit einstürzen und uns zum Schaden gereichen kann.
Alles ist gut!
Ommm ...
Sie sind nicht stark genug, um die Realität für immer und ewig abzuwehren.
Huch!
Oh Nein!
Schlecht!
Irgendwann stellen wir fest, dass unsere Illusionen nur weitere Probleme schaffen!
Versiebt!
Trottel!
Falsch!
Schlecht!
Versager!
Schlussendlich geht es uns also schlechter als am Anfang!

ÜBUNG

Listen Sie die Gedanken und Gefühle auf, die Sie abzuschütteln versuchen, und alle Strategien, die Sie bisher angewandt haben (zum Beispiel Drogen, Alkohol, Frustessen, Verzögerungstaktik, Vermeiden schwieriger Situationen usw.). Hatten diese Strategien langfristig Erfolg? Welche Nachteile waren damit verbunden?

Wie wäre es mit GUTEN TATEN und Geben statt Nehmen? Macht das nicht GLÜCKLICH?
Durchaus – aber es ist unbefriedigend, wenn sich dahinter das Ziel verbirgt, negative Gedanken und Gefühle zu vermeiden, wie ...
Ich bin ein schlechter Vater!
Ich bin egoistisch!
Keiner mag mich!
Niemand erkennt meine Leistungen an!
Um beliebt zu sein, muss ich versuchen, es allen recht zu machen!
Negative Gedanken
Gefühl der Unzulänglichkeit
Angst vor Zurückweisung
Blinder Aktionismus als Strategie der Schmerzvermeidung ist UNBEFRIEDIGEND. Es ist besser, einer Aktivität nachzugehen, weil sie als SINNVOLL empfunden wird.

Stellen Sie sich vor, Sie laufen durch einen Wald, um sich mit Ihrem / Ihrer **Herzallerliebsten** zu treffen.

Oder Sie laufen durch einen Wald, um einem **Bären** zu entkommen, der Ihnen auf den Fersen ist.

Einer Aktivität vor allem deshalb nachzugehen, um einer unerwünschten Erfahrung zu entgehen oder sie zu vermeiden, ist meistens unbefriedigend, weil sich unweigerlich das Gefühl einstellt, auf der Flucht zu sein, statt etwas Sinnvolles zu tun. Wir laufen natürlich nur selten vor wilden Tieren davon, sondern in erster Linie vor schmerzlichen Gedanken und Gefühlen.

Sie können ins Fitnesscenter gehen, um Ihre **Kondition** zu verbessern.

Sie können aber auch ins Fitnesscenter gehen, um **unangenehmen Gedanken** oder Gefühlen auszuweichen.

Ich bin zu dick.
Ich habe zu kräftige Oberschenkel.
Ich bin unattraktiv.

An Ratschlägen, wie wir unsere **Lebensqualität verbessern**, mangelt es nicht:

Trimm dich!
Knüpfe neue Kontakte!
Geh raus in die Natur!
Tritt in einen Fitnessklub ein!
Achte auf eine gesunde Ernährung!
Halt nach einer sinnvollen beruflichen Tätigkeit Ausschau!
Such dir ein Hobby!

Doch Vorsicht: Solche Aktivitäten aufzunehmen, weil wir uns unangenehmen Gefühlen **entziehen** oder sie **vermeiden** wollen, lohnt die Mühe vermutlich nicht. Es ist besser, sie ins Auge zu fassen, weil wir sie im tiefsten Innern als wichtig und sinnvoll empfinden.

Wie befreien wir uns also aus dieser GLÜCKSFALLE?
Der erste Schritt ist bereits getan: Er besteht darin, sie als solche zu ERKENNEN!
Nun ist es an der Zeit, einen angemessenen Aktionskurs anzusteuern!

KAPITEL 3

Die Kernprinzipien der ACT

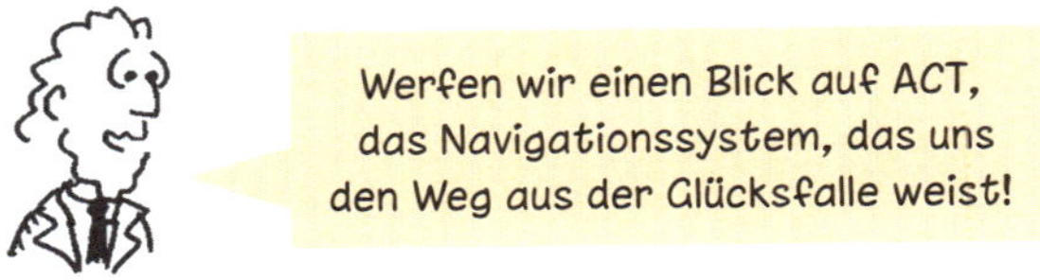
Werfen wir einen Blick auf ACT, das Navigationssystem, das uns den Weg aus der Glücksfalle weist!

ACT – die Akzeptanz- und Commitment-Therapie – basiert auf zwei Kernprinzipien: »Achtsamkeit« und »Wertorientierung«. Gemeinsam helfen sie Ihnen,

- schmerzliche Gedanken und Gefühle effektiv in den Griff zu bekommen,
- ein reiches, erfülltes und sinnvolles Leben zu führen.

»Achtsamkeit« ist ein mentaler Zustand der **Aufmerksamkeit** und **Offenheit**. Er erfordert drei grundlegende Fähigkeiten:

Fähigkeit 1:
DEFUSION

Bombe

Wenn wir lernen, schmerzliche und unangenehme Gedanken, einengende Überzeugungen und gnadenlose Selbstkritik zu entschärfen, mindern wir ihren Einfluss.

Fähigkeit 2:
PLATZ SCHAFFEN

Wir »schaffen Raum« für schmerzliche Gedanken und Gefühle, ermöglichen ihnen, durch uns hindurchzufließen, ohne uns von ihrer Sogwirkung mitreißen zu lassen.

Fähigkeit 3:
VERBINDUNG MIT DEM GEGENWÄRTIGEN AUGENBLICK

Jetzt!

Wir leben uneingeschränkt in der Gegenwart, ohne uns an die Vergangenheit zu klammern oder uns um die Zukunft zu sorgen.

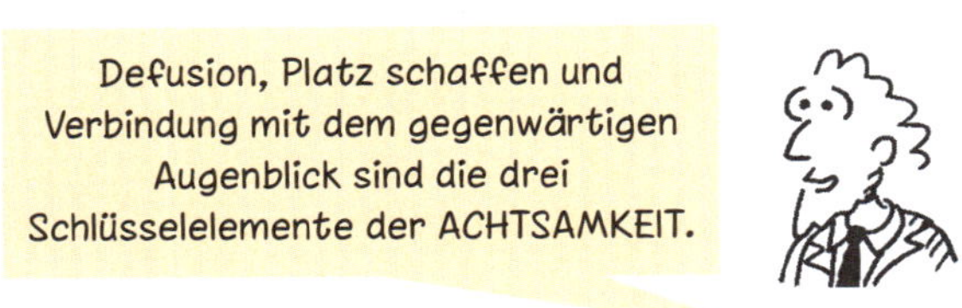
Defusion, Platz schaffen und Verbindung mit dem gegenwärtigen Augenblick sind die drei Schlüsselelemente der ACHTSAMKEIT.

Werthaltungen oder kurz »Werte« stellen eine Orientierungshilfe für das im tiefsten Innern angestrebte Verhalten als Mensch dar: für die Planung des individuellen Lebensentwurfs.

Werte dienen in der **ACT** dazu, dem Leben **Bedeutung**, **Sinn** und **Richtung** zu verleihen.

I DID IT!

Diese Werte werden in **engagiertes Handeln** umgewandelt: Wir tun, was uns wirklich wichtig ist!

ACT ist eine wissenschaftlich belegte Methode, die dem Aufbau eines reichen, erfüllten und sinnvollen Lebens dient.

Sind Sie bereit, sich auf den Weg zu begeben? **Dann los**!

Schritt für Schritt!

KAPITEL 4

Der große Geschichten-erzähler

Überlegen wir als Erstes, wie wir mit unseren GEDANKEN umgehen.
WAS genau sind Gedanken?
Gedanken sind im Grunde unausgesprochene WORTE.
Worte?

Wir benutzen Worte in unterschiedlichem Kontext:

Das geschriebene Wort nennt man **Text:**

Das gesprochene Wort bezeichnet man als **Rede:**

Die Worte in unserem Kopf bezeichnet man als **Gedanken:**

Der schnelle, braune Fuchs springt über den faulen Hund.
Schnatter, Schnatter
Blablabla

Gedanken können sich auch als **Vorstellungsbilder** präsentieren:

WORTE
VORSTELLUNGSBILD
Frühstück! Ich habe Appetit auf Toast mit Marmelade!

Wir sollten uns jedoch hüten, Gedanken mit »Gefühlen« oder »Empfindungen« zu verwechseln – die wir auf der **Körperebene** wahrnehmen.

Rumpel

Gefühlen und Empfindungen gehen wir später auf den Grund. Zunächst befassen wir uns mit den **Gedanken**.

Gedanken sagen etwas über das Leben und unsere Lebensführung aus.

Sie definieren, wie wir sind oder sein sollten und was es zu vermeiden gilt.

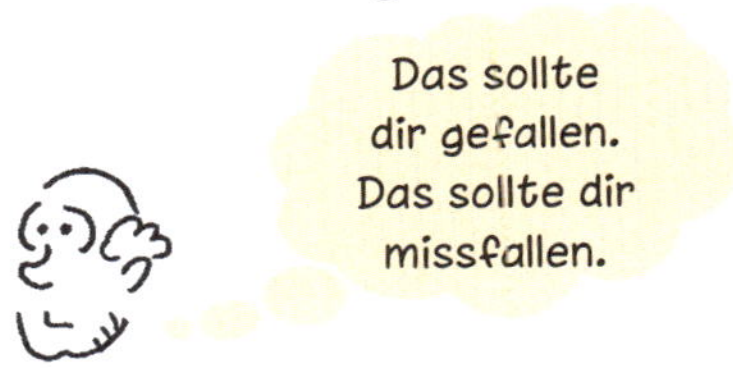

Wir vergessen oft, dass Gedanken lediglich Worte sind, aus denen sich unsere persönliche »Geschichte« zusammensetzt.

Es kann eine wahre Geschichte sein, die auf **Fakten** beruht ...

... oder auf **Fehlannahmen**.

Doch die meisten Geschichten leiten sich aus unserer individuellen Lebenssicht her, die geprägt wird durch ...

... oder durch unseren individuellen Lebensentwurf mit seinen

Der menschliche Geist ist ein großer, unermüdlicher Geschichtenerzähler. Er hat es auf unsere AUFMERKSAMKEIT abgesehen.
Blablabla, Geschichten, Geschichten, Geschichten, Schenk mir deine Aufmerksamkeit.
Doch wenn wir zu sehr in den BANN seiner Geschichten geraten, sind Probleme vorprogrammiert.
Das geht mit Sicherheit schief!
Ich bin nicht gut genug.
Unverschämtheit! Wie können Sie es wagen!
Das schaffe ich nicht!

Wenn wir uns von einer Geschichte vereinnahmen lassen – wenn sie unsere uneingeschränkte Aufmerksamkeit erhält oder unser Verhalten steuert –, bezeichnen wir diesen Prozess als FUSION.
Und hier eine VERBLÜFFENDE Tatsache ...

ACHTUNG, WICHTIGE DURCHSAGE!

Kein Gedanke ist an sich problematisch. Er wird nur dann zum Problem, wenn wir uns von ihm vereinnahmen lassen!

Ist das so?

Klar! Du wirst gleich sehen, dass NEGATIVE Gedanken nur dann zum Problem werden, wenn wir uns von ihnen VEREINNAHMEN lassen.

Versteh ich nicht!

Schreib einige deiner negativen Gedanken auf ein Blatt Papier.
Okay.
Ich bin nicht gut genug. Ich bin zu dick.
Nun halte dir das Blatt vor Augen und konzentrier dich voll auf die Worte.
Ich bin eine schlechte Mutter. Ich bin eine Niete. Ich bin eine dumme Gans.
Solange du dich in diese Gedanken verstrickst, bist du von den Dingen abgeschnitten oder abgeschottet, die das Leben SINNVOLL machen.
Ich bin nicht gut genug. Das Leben ist ein Trauerspiel
Das Leben ist ein Trauer-spiel!
Musik
Filme
Freunde
Kinder
Familie
gutes Essen
Sport
Arbeit

Und während du dich an diese Gedanken klammerst, hast du keinen Sinn für die Aktivitäten, die unabdingbar sind, um dein Leben zu meistern.

Stell dir vor, du versuchst zu kochen, Auto zu fahren, mit deinen Kindern zu kuscheln oder dir einen Film anzuschauen, während du mit deinen Gedanken woanders bist!

Ich bin nicht gut genug!

Wenn wir uns von unseren Gedanken vereinnahmen lassen, hat es den Anschein, als wären sie ...

- FAKTEN — Wir sollten ihnen vorbehaltlos glauben!
- WICHTIG — Wir sollten ihnen ungeteilte Aufmerksamkeit schenken!
- BEFEHLE — Wir sollten ihnen unbedingt Folge leisten!
- GUTE RATSCHLÄGE — Wir sollten sie beherzigen!
- EINE BEDROHUNG — Wir sollten sie als gefährlich oder beängstigend einstufen!

Jetzt klemm das Blatt Papier unter deinen Arm …
Ich bin zu dick.
… und du wirst feststellen, dass es dir nun möglich ist, dich auf die Dinge zu konzentrieren und voll einzulassen, die das Leben SINNVOLL machen!
gutes Essen
Freunde
Familie
Musik
Sport
Ich bin zu …
Arbeit
Filme
Kinder
Diesen Prozess der mentalen Entschärfung nennt man DEFUSION.
Kannst du mir erklären, wie das geht?
Klar! Zuerst musst du dir ein negatives Selbsturteil ins Gedächtnis rufen.
Ich bin völlig nutzlos!
Nun lass dich von dem Gedanken vereinnahmen – glaub so fest daran, wie du kannst.
Ich bin völlig NUTZLOS!

Nun beginnst du den Satz mit den Worten »Ich denke, dass ich ...«
Ich denke, dass ich völlig nutzlos bin!

ÜBUNG

Wählen Sie einen belastenden Gedanken, wiederholen Sie ihn im Stillen und setzen Sie folgende Worte voran: »Ich denke, dass ich ...«

Nun erweitern Sie den Satz: »Wie ich feststelle, denke ich, dass ich ...«

Spüren Sie, wie der Gedanke zunehmend an Bedeutung verliert?

Sie könnten diese einfache Defusionstechnik anwenden, um sich aus dem Bann jedes Gedankens zu lösen, gleich, ob er richtig ist oder falsch. Spielen Sie mit dieser Zauberformel!

Wenn wir unsere Gedanken entschärfen, erkennen wir, dass sie

- nicht mehr und nicht weniger sind als **Worte** und **Vorstellungsbilder**,
- **richtige** oder **falsche** Aussagen beinhalten können (wir müssen sie nicht glauben),
- **wichtig** oder **unwichtig** sein können (wir schenken ihnen nur dann Beachtung, wenn sie von Bedeutung sind),
- keine **Befehlsgewalt** haben (niemand zwingt uns, ihnen Folge zu leisten),
- **sinnvoll** sind oder auch nicht (wir müssen sie nicht befolgen),
- keine echte **Bedrohung** darstellen, wie negativ sie auch sein mögen.

Entschärfen wir probehalber noch einen weiteren belastenden Gedanken. Hast du einen?
Klar!
Ich bin eine Niete!
Nun setz noch eins drauf und sing die Worte in Gedanken, zum Beispiel zur Melodie von »Zum Geburtstag viel Glück ...«
Ich bin ei-ne Nie-te, ich bin ei-ne Nie-te ...
Was hat sich verändert?
Die Worte kommen mir jetzt wie der Text eines Liedes vor und berühren mich nicht mehr!

ÜBUNG

Wählen Sie einen belastenden Gedanken und singen Sie die Worte im Stillen zu einer Melodie, die Ihnen gefällt, zum Beispiel »Zum Geburtstag viel Glück«.

Was hat sich dabei verändert?

Machen Sie sich bewusst, dass Sie weder versucht haben, den Gedanken zu hinterfragen noch zu vermeiden oder über Bord zu werfen. Vielleicht erkennen Sie nun, was sich dahinter verbirgt: nicht mehr und nicht weniger als eine Aneinanderreihung von Worten.

Der menschliche Geist liebt seine **Geschichten**. Leider sind die meisten keine echte Hilfe.

Das schaffe ich nicht.
Ich bin nicht gut genug.
Ich hasse meine Oberschenkel!
Ich habe nicht die geringste Hoffnung für die Zukunft.

Es ist »normal«, dass annähernd 80 Prozent unserer Gedanken einen mehr oder weniger negativen Inhalt haben. Probleme entstehen nur dann, wenn wir uns von ihnen vereinnahmen lassen und zulassen, dass sie uns beherrschen. Dadurch fördern wir:

Unsicherheit | Angst | Depression

Wut | Minderwertigkeitskomplexe | Selbstzweifel

Einige psychologische Therapieansätze empfehlen,

- die **Fakten** zu überprüfen und **mentale Fehler** zu korrigieren,
- der Geschichte eine **positive** Note zu verleihen,
- sich eine **bessere Geschichte** zu erzählen,
- sich **abzulenken**,
- die Geschichte aus dem Kopf zu **vertreiben**,
- eine (mentale) **Debatte** über den Wahrheitsgehalt der Geschichte zu führen.

La
La
La La

Doch diese Strategien sind auf lange Sicht nur selten erfolgreich.

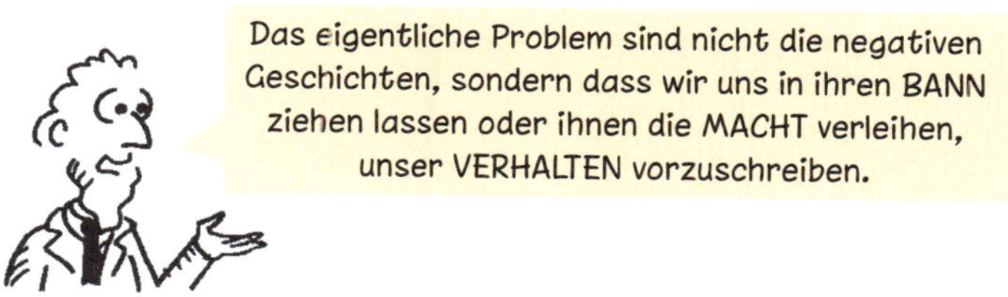
Das eigentliche Problem sind nicht die negativen Geschichten, sondern dass wir uns in ihren BANN ziehen lassen oder ihnen die MACHT verleihen, unser VERHALTEN vorzuschreiben.

Doch wie bei den Klatschgeschichten in der Regenbogenpresse liegt die Wahl allein bei uns: Wir können sie glauben …

… oder auch nicht!

Das ist ja SCHRECKLICH!
Star stirbt …
vor Scham
So ein QUATSCH! Was fällt denen als Nächstes ein?

Die Strategie, eine Geschichte zu **verändern**, zu **vermeiden** oder aus dem Repertoire **auszumustern**, hat selten die gewünschte Wirkung. Machen Sie sich vielmehr klar, was sie in Wirklichkeit ist:

Das ist lediglich eine GESCHICHTE!

Versuchen Sie, Ihre eigenen Geschichten unter einem »Arbeitstitel« zusammenzufassen, um zu erkennen, dass es sich nur um **Worte** handelt:

- Die Nieten-Saga
- Die Zu-dick-Saga
- Die Das-schaff-ich-nicht-Saga
- Die Keiner-mag-mich-Saga

Und nun wenden Sie diese Defusionstechniken bei Ihren eigenen Gedanken an.

Wenn Ihnen beispielsweise oft der Gedanke durch den Kopf geht, dass Sie »nicht gut genug« sind, sagen Sie sich, sobald er auftaucht: »Aha! Schon wieder die alte Ich-bin-nicht-gut-genug-Leier.«

Wenn Sie möchten, würzen Sie das Ganze noch mit einem Schuss Humor: »Danke, Grips!«

Das mag ja alles schön und gut sein, aber was ist, wenn die Geschichten wahr sind?
Ich bin mutterseelenallein!
Gutes Argument! Dem gehen wir jetzt nach.

KAPITEL 5

Traurig, aber wahr?

ACT: Wichtig ist nicht,
ob ein Gedanke der Wahrheit entspricht,
sondern
ob es hilfreich ist, zwanghaft daran festzuhalten!

Beispiel 1

WENIG HILFREICH

Ich bin unfähig!

herabsetzend / verstörend

Verbessert sich unsere Leistung, wenn wir zwanghaft an diesem Gedanken festhalten?

HILFREICH

Ich könnte um Hilfe bitten.
IT-Abt.

Erweiterung von Fähigkeiten und Wissen

Beispiel 2

WENIG HILFREICH

Ich bin ein Fettklops!

anklagend / demoralisierend

Gehen wir künftig pfleglicher mit uns selbst um, wenn wir zwanghaft an diesem Gedanken festhalten?

Selbst wenn er der Wahrheit entspricht?

HILFREICH

Ich mache einen Spaziergang!

Alternativen wählen, die der Gesundheit zuträglicher sind!

Ich habe meine gesamten Ersparnisse verpulvert!

Haben wir unsere Finanzen besser im Griff, wenn wir zwanghaft an diesem Gedanken festhalten?

Nein, ich fühle mich immer schlechter und sehe nur noch schwarz!
Jammer-lappen!
Versager!

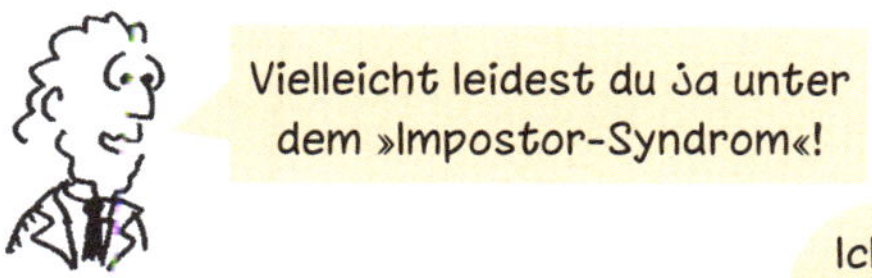
Vielleicht leidest du ja unter dem »Impostor-Syndrom«!

John ist erfolgreich in seinem Job. Er gilt als tüchtig und kompetent.

Doch sein Verstand ist anderer Ansicht!

Ich bin ein Hochstapler. Zum Glück ist es noch niemandem aufgefallen. Aber mit Sicherheit werde ich alles vermasseln und entlarvt!

Beim **Impostor-Syndrom** widmen wir der gnadenlosen Selbstkritik mehr Aufmerksamkeit … … als den unmittelbaren persönlichen Erfahrungen.

Ich habe keinen blassen Schimmer, wie das geht!
Ich werde die Sache vermasseln!
Ja, GENAU!
Das ist PERFEKT, John!
Danke.

John hat sich von der »Inkompetent-Saga« vereinnahmen lassen. Er muss sich aus ihrem Bann lösen und seine Aufmerksamkeit auf die **Realität** richten.

ÜBUNGEN

1. Einen Gedanken spielerisch angehen

Stellen Sie sich vor, Sie würden einen Gedanken auf dem Computer-Bildschirm darstellen.

Spielen Sie mit Schriftarten und Farben.

2. Dem Geist danken

Wenn die alten Geschichten immer wieder auftauchen,

Mein Leben ist ein Trauerspiel.

reagieren Sie mit Humor! Sagen Sie sich:

Stimmt das überhaupt? Trotzdem danke für die Information!

Aha! Wieder mal die alte »Trauerspiel-Leier«!

Oder einfach: Danke, Grips!

3. Die alberne Stimme

Wählen Sie einen ständig wiederkehrenden Gedanken.

Ich bin ein Esel!

Wiederholen Sie den Ausspruch im Stillen mit der Stimme einer Zeichentrick- oder Filmfigur.

Ich bin ein Eeeeeesel!

4. Ein Comic-Heft anlegen

Das schaffe ich nicht!

Stellen Sie sich Ihren selbstkritischen Gedanken in der Sprechblase eines Comic-Hefts vor.

SUPERSTAR
Das schaffe ich nicht!

Auch hier sollten Sie sich wieder bewusst machen, dass Sie den Gedanken weder gemieden noch verändert, sondern als das wahrgenommen haben, was er ist – eine Aneinanderreihung von **Worten**.

Aber ich habe Krebs im Endstadium! Der Gedanke an meinen baldigen Tod ist real und belastend.
Stimmt. Aber ist es hilfreich, sich davon vereinnahmen zu lassen? Willst du dich daran klammern oder in der Zeit, die dir bleibt, Dinge tun, die dir wichtig sind?
Tut mir leid, aber alberne Worte darüber zu verlieren, wäre unangemessen. Dafür ist die Situation zu ernst.

Kein Problem. Dann wählen Sie eben eine andere Technik, die Ihnen hilfreich erscheint.

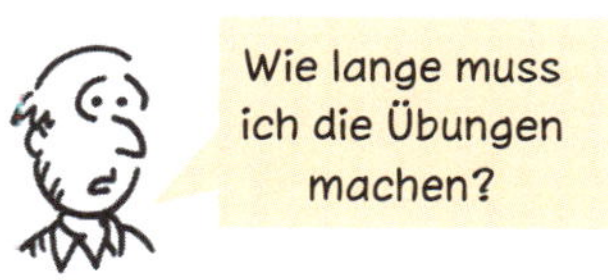
Wie lange muss ich die Übungen machen?

Bis Sie in der Lage sind, Ihre Gedanken auf Anhieb zu entschärfen.

Leitlinien für die Defusionstechnik

- Nehmen Sie Gedanken als das wahr, was Sie sind – nichts weiter als unausgesprochene Worte.
- Erwarten Sie nichts. Beobachten Sie lediglich, was geschieht.
- Die Gedanken verflüchtigen sich oder auch nicht. Die Technik ist wirksam, aber nicht immer.
- Sie sind auch nur ein Mensch. Die Gedanken werden Sie immer wieder vereinnahmen. Aber Sie wissen jetzt, wie Sie sich rasch aus ihrem Bann befreien können.
- Wie immer gilt: Übung macht den Meister.

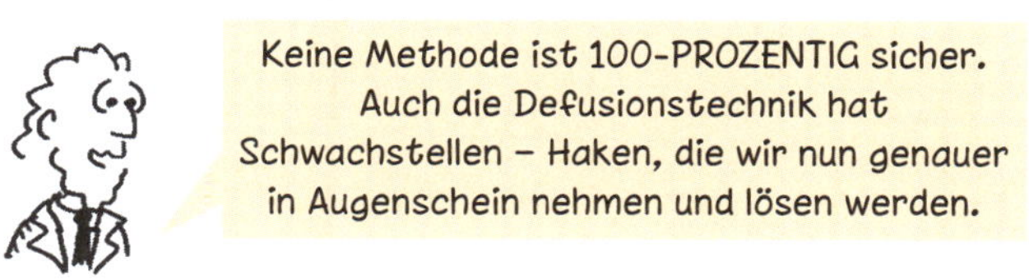
Keine Methode ist 100-PROZENTIG sicher. Auch die Defusionstechnik hat Schwachstellen – Haken, die wir nun genauer in Augenschein nehmen und lösen werden.

KAPITEL 6

Problemlösung bei der Entschärfung

Ich habe es mit der Defusionstechnik probiert, aber sie hat nicht funktioniert.
Heißt das, du konntest dich nicht aus der Geschichte lösen?
Nein, die Geschichte habe ich abgehakt, doch die Angst ist geblieben!
Aber die Entschärfung dient nicht dazu, Gefühle zu kontrollieren!
Die Entschärfung zielt darauf ab …
… sich bewusst zu machen, dass Gedanken nur eine Aneinanderreihung von Worten sind, von denen wir uns befreien können – um Aktivitäten nachzugehen, die uns wichtig sind und uns voll darauf einzulassen.
Aber ich hasse es, Angst zu haben!
Klar! Das geht jedem so!

Je mehr wir gegen schmerzliche Gefühle ankämpfen, desto intensiver werden sie! Doch es gibt eine wirksame Möglichkeit, sie in den Griff zu bekommen.

Hm, ich habe die Defusionstechnik angewandt, aber die Gedanken sind NICHT VERSCHWUNDEN.
Gedanken kommen und gehen. Wir wollen sie nicht ABSCHÜTTELN, sondern uns nur aus ihrem Bann LÖSEN.
Aber wäre es nicht besser, POSITIV zu denken?
Es geht nicht darum, ob die Gedanken POSITIV oder NEGATIV sind, sondern um die Frage:
EBNET MIR DIESER GEDANKE DEN WEG ZU DEM LEBEN, DAS ICH MIR WÜNSCHE?
Aber positive Gedanken sind doch immer HILFREICH, oder?

Nun, ein angetrunkener Autofahrer glaubt auch, dass er sein Fahrzeug beherrscht. Das ist ein positiver Gedanke, aber ist er auch HILFREICH?
Rums!
Aber negative Gedanken sind absolut nutzlos, oder?

Nicht unbedingt. Wenn ein negativer Gedanke zu positivem Handeln führt, kann er durchaus hilfreich sein.
Ich könnte die Prüfung versieben.
Deshalb bereite ich mich lieber gründlich vor.

Negative Gedanken sind nicht unser **Feind**, sondern nur Worte und Bilder, die uns durch den Kopf gehen. Wer gegen sie ankämpft, kämpft letztlich gegen **sich selbst**.

Ist es überhaupt jemals von Vorteil, sich von ihnen vereinnahmen zu lassen?
Nur in bestimmten Situationen!

Solche **»Verschmelzungen«** oder **»Fusionen«** können durchaus vorteilhaft sein, wenn wir Zukunftspläne schmieden, Handlungsabläufe mental proben oder uns in ein Buch vertiefen.

Ein konstruktiver Gedanke sollte also genutzt und ein nutzloser entschärft werden.

Achten Sie verstärkt darauf, wann und wo Sie sich von einem Gedanken vereinnahmen lassen und wie dieser beschaffen ist. Das Ziel besteht darin, sich dabei auf frischer Tat zu ertappen, um bewusst zu entscheiden, wie Sie darauf reagieren wollen.

Auch hier sollten Sie üben, bis die neue Fähigkeit in Fleisch und Blut übergegangen ist. Wählen Sie eine oder zwei Defusionstechniken und setzen Sie diese bei jeder sich bietenden Gelegenheit praktisch um – mindestens zehnmal am Tag, aber je mehr, desto besser!

Wenn Ihr Verstand Ihnen zuflüstert:

Idiot!

Dann entschärfen Sie seine Worte!

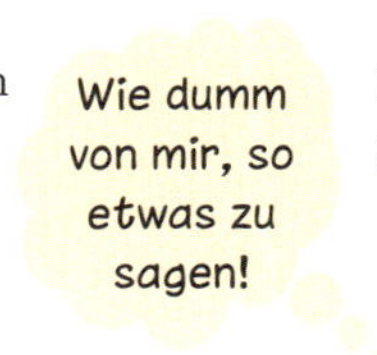
Wie dumm von mir, so etwas zu sagen!

Dann entschärfen Sie seine Worte!

Mein Leben ist ein Trauerspiel!

Dann entschärfen Sie seine Worte!

Und wenn Sie nun denken …

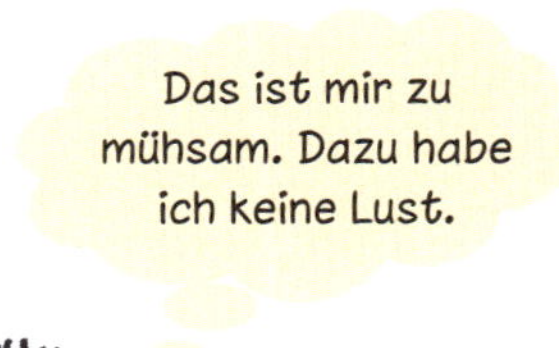
Das ist mir zu mühsam. Dazu habe ich keine Lust.

Dann entschärfen Sie auch diese Worte!

Danke, Grips!

Der menschliche **Geist** hat **zwei Komponenten:**

Das **denkende Selbst** ist zuständig für:

- Denken
- Planen
- Bewerten
- Vergleichen
- Gestalten
- Visualisieren
- Imaginieren
- Analysieren

Das **beobachtende Selbst** ist zuständig für:

- Aufmerksamkeit
- Achtsamkeit
- Bewusstheit
- Wahrnehmung
- Beobachtung

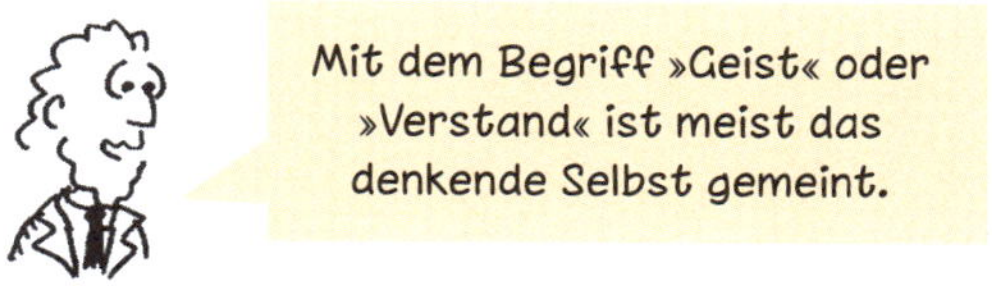
Mit dem Begriff »Geist« oder »Verstand« ist meist das denkende Selbst gemeint.

Das Leben gleicht einem Theaterstück; zu den Mitwirkenden gehören Gedanken, Gefühle und Sinneswahrnehmungen – alles, was wir sehen, hören, berühren, schmecken und riechen können.

Das **beobachtende Selbst** ist der Teil von uns, der in der Lage ist, einen Schritt zurückzutreten und das Geschehen auf der Bühne leidenschaftslos zu verfolgen.

Wir präsentieren
Das Leben
MITWIRKENDE:
Gedanken
Gefühle
Geruchssinn
Tastsinn
Geschmackssinn
Sehsinn
Gehörsinn

Das **beobachtende Selbst** kann nähertreten, um die Einzelheiten in Augenschein zu nehmen, oder auf Distanz gehen, um sich einen Überblick über das Gesamtbild zu verschaffen. Denn die Dramaturgie ändert sich ständig.

ÜBUNG

Schließen Sie 60 Sekunden lang die Augen und achten Sie darauf, welche Gedanken auftauchen …

Das denkende Selbst erzeugt die Gedanken. Das beobachtende Selbst nimmt die Gedanken wahr.

Aufgrund seiner Entwicklungsgeschichte gleicht unser Geist einem Hörfunksender – **Radio Unheil**, genauer gesagt!

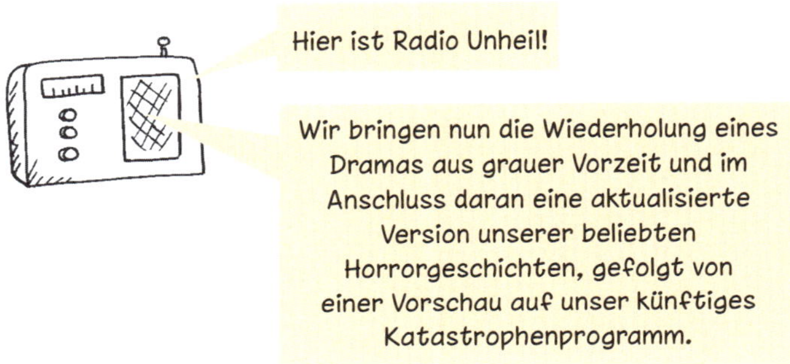
Hier ist Radio Unheil!
Wir bringen nun die Wiederholung eines Dramas aus grauer Vorzeit und im Anschluss daran eine aktualisierte Version unserer beliebten Horrorgeschichten, gefolgt von einer Vorschau auf unser künftiges Katastrophenprogramm.

Wir können einfach nicht abschalten! Je mehr wir es versuchen, desto lauter wird die Stimme des mentalen Moderators!

Und hier weitere Meldungen von Radio Unheil!
Mund halten! Mund halten! Mund halten!

Wird eine **hilfreiche** Geschichte gesendet, können wir auf Empfang bleiben und unsere Aktivitäten daran ausrichten.

Bei nutzlosen Sendungen lassen wir die Worte einfach im Hintergrund verklingen.

Wir sollten uns weder auf eine Debatte mit dem Moderator einlassen …

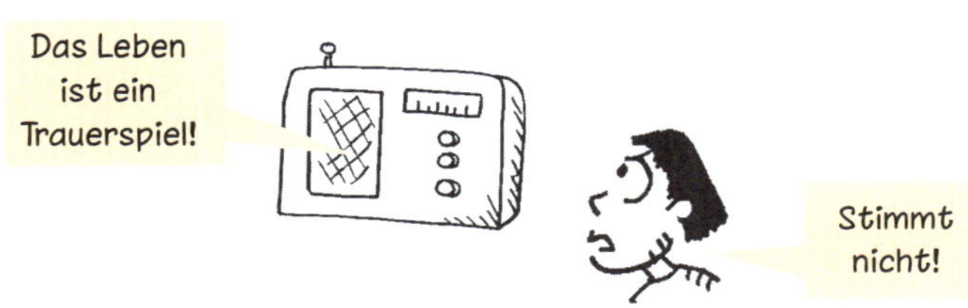
Das Leben ist ein Trauerspiel!
Stimmt nicht!

… noch versuchen, ihn zu ignorieren.

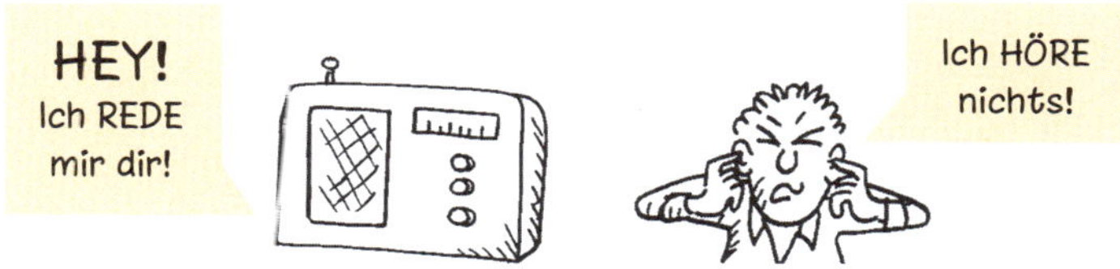
HEY!
Ich REDE
mir dir!
Ich HÖRE
nichts!

Wir lassen die Sendung einfach an uns vorbeirauschen und bringen uns voll in die Aktivität ein, mit der wir gerade beschäftigt sind.

ÜBUNG

Nehmen Sie zehn langsame, tiefe Atemzüge. Richten Sie Ihre ungeteilte Aufmerksamkeit auf den Atem und die Empfindungen beim Ein- und Ausströmen der Luft.

Lassen Sie die Gedanken kommen und gehen wie den Verkehrsfluss auf der Straße. Nehmen Sie sie zur Kenntnis, aber bleiben Sie mit Ihrer Aufmerksamkeit beim Atem.

Aha … meine
Gedanken
driften davon.

Fesselt Sie ein Gedanke, befreien Sie sich sanft von ihm und richten Ihr Augenmerk wieder auf den Atem.

Wenn Sie diese Technik üben, lernen Sie, wie man

- Gedanken kommen und gehen lässt,
- erkennt, wann man in den Bann eines Gedankens geraten ist,
- sich davon befreit und neu fokussiert.

- Akzeptieren Sie, was kommt; lassen Sie alle Erwartungen los. Wenn die Übung Sie entspannt, umso besser. Aber das ist nicht das vorrangige Ziel, sondern eine angenehme Dreingabe.
- Es spielt keine Rolle, wie häufig Sie in den Bann eines unliebsamen Gedankens geraten. Regelmäßige Übung verbessert Ihre Fähigkeiten, sich aus seinen Fesseln zu befreien.
- Am besten führen Sie diese Übung zwei- bis dreimal am Tag für fünf bis zehn Minuten durch.

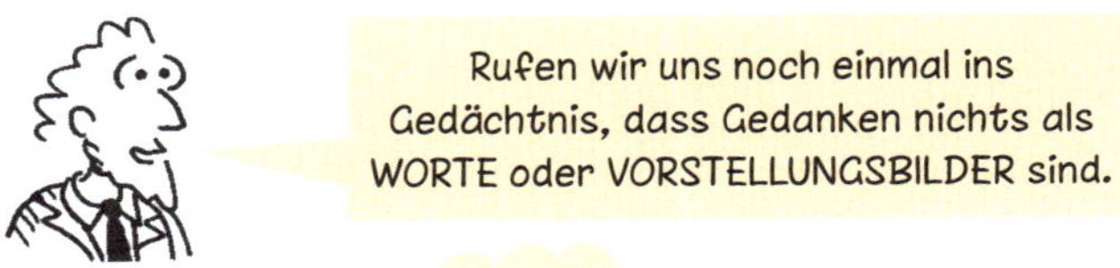
Rufen wir uns noch einmal ins Gedächtnis, dass Gedanken nichts als WORTE oder VORSTELLUNGSBILDER sind.

Wir alle haben schon einmal **beängstigende** mentale **Bilder** heraufbeschworen …

… doch uns von diesen Bildern vereinnahmen zu lassen, hindert uns an Aktivitäten, die uns **wichtig** sind.

In ein Flugzeug einsteigen? Nie und nimmer!

Wenn wir uns von diesen Bildern vereinnahmen lassen, wirken sie völlig **real**, **bedeutungsvoll** oder **erschreckend**. Doch wir können sie mit folgenden Übungen entschärfen:

ÜBUNGEN

Stellen Sie sich eine unangenehme Situation vor. Spüren Sie, welche Auswirkungen die Visualisierung auf Sie hat.

Stellen Sie sich das Szenario auf einem **Fernsehbildschirm** vor.

Nun spielen Sie damit: Lassen Sie den Film im **Zeitlupentempo**, **rückwärts** oder in **Schwarz-Weiß** ablaufen.

ARF
ARF

FRA
FRA

Sehen Sie? Es ist nur ein **Bild**!

Und nun fügen Sie einen **humorvollen Titel**, eine **Comic-Stimme** aus dem Off oder **schrille Musik** hinzu.

TERROR IN DER VORSTADT

(in 3D)

Und hier sehen wir Jenny in ihrem natürlichen Lebensraum ...

Dam Dam Da Da!
(Tschaikowski, Ouvertüre 1812)

Oder verlagern Sie die **Szenerie** des unliebsamen Bildes. Projizieren Sie es mental auf

ein T-Shirt

DAS ALTE
ZUHAUSE

eine Leinwand

ein Comic-Heft

Das
traute
Heim

eine Briefmarke

Falls das mentale Bild Sie immer noch umtreibt, sollten Sie diese Übungen jeden Tag machen, bis es seinen Klammergriff lockert. Sie können auch die anderen Defusionstechniken entsprechend anpassen:

Aha, die »Versiebt-Saga«!
Ich stelle mir bildlich vor …
Ich rufe mir ins Gedächtnis zurück …

Der Geschichte einen Namen geben

Dem Bild einen Titel geben

Oder den Bann mit der Zauberformel lösen:

Danke, Grips!

Hier noch eine letzte Technik (eignet sich hervorragend für den Schauplatzwechsel):

Übertragen Sie Ihren Videoclip …

ARF
ARF

… in ein anderes Genre!

Cartoon | Western | Science-Fiction | Seifenoper

Das Ziel besteht nicht darin, die Bilder aus Ihrem Repertoire auszumustern, sondern sich aus ihrem Bann zu BEFREIEN.
Warum?
Weil sie immer wiederkehren und gegen sie anzukämpfen NERVENAUFREIBEND ist!

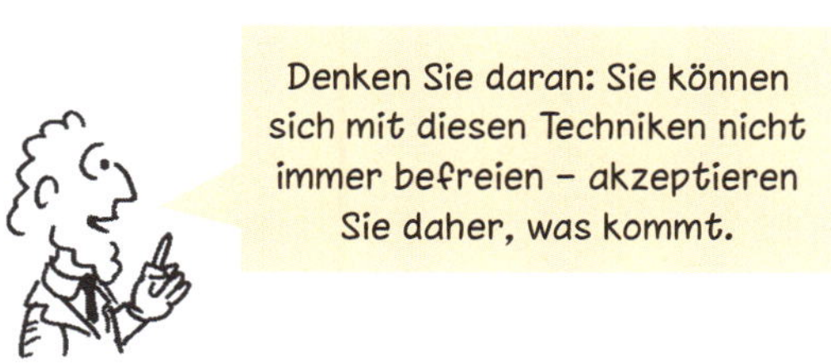

Denken Sie daran: Sie können sich mit diesen Techniken nicht immer befreien – akzeptieren Sie daher, was kommt.

KAPITEL 7

Dämonen an Bord

Stellen Sie sich vor, Sie befänden sich an Bord eines Schiffes auf hoher See ...

... und unter Deck hat sich eine Horde Dämonen in Gestalt von **Emotionen**, **Gedanken**, **Gefühlen** und **Bedürfnissen** eingenistet.

Schuldgefühle
Sucht
Hoffnungslosigkeit
Bedauern
Wut
Scham

Solange Sie mit Ihrem Schiff **ziellos** dahintreiben, hausen sie im Verborgenen, doch sobald Sie Land sichten, schleichen sie an Deck und **überwältigen** Sie.

Arrrrrr!

Ich lasse das Schiff weiterhin treiben, wenn ihr in der Versenkung verschwindet.
Okay.

Deshalb lassen Sie sich auf einen **Handel** mit ihnen ein.

Doch sich treiben lassen ist kein ungetrübtes Vergnügen.

besorgt
gelangweilt
einsam
Ich HASSE das!

Abgesehen davon erreichen andere Schiffe problemlos ihr Ziel. Warum sollte Ihnen das nicht auch gelingen?

Doch kaum nehmen Sie Kurs auf die Küste, tauchen die Dämonen wieder auf! **Was nun**?

Sie könnten versuchen, sie über Bord zu werfen …

… doch in der Zeit steuert niemand das Schiff und Sie laufen Gefahr, **unterzugehen**.

Und abgesehen davon ist ein Kampf nicht angeraten, weil die anderen in der **Übermacht** sind.

Doch bei genauerer Betrachtung wird klar, dass die Dämonen zwar Meister der Drohgebärden sind, Ihnen aber **nicht** wirklich **gefährlich** werden können.

Brumm!
Knurr!

Wenn Sie sich an sie gewöhnt haben, verlieren sie sogar ein wenig von ihrem Schrecken.

Und Sie stellen fest, dass sie viel **weniger** Unheil anrichten können, als Sie dachten!

Sie werden nie beste Freunde werden, aber sie haben **keine Macht** mehr über Sie.

Von dir lasse ich mir nichts vorschreiben!

Dank dieser Erkenntnis können Sie nun die nächste Küste ansteuern und Aktivitäten nachgehen, die Ihnen **gefallen**.

Die Dämonen tauchen mit Vorliebe wieder auf, wenn wir neue Horizonte erschließen, aber sie können uns nicht aufhalten!

Fragen Sie sich:

- Würde ich anders handeln, wenn meine »Dämonen« Ruhe gäben? Und wenn ja, wie?
- Welche Aktivitäten würde ich beginnen (oder wieder aufnehmen)?
- Wie würde ich vorgehen, wenn die Angst keine Hürde wäre?
- Wofür würde ich mich einsetzen, wenn mich die Angst nicht davon abhielte?

(Tauchen beunruhigende Gedanken oder Bilder bei Ihnen auf? Wenn ja, wissen Sie, wie man sie entschärft!)

Nun nehmen wir den furchterregendsten Dämon unter die Lupe: **schmerzliche Emotionen.**

Was sind Emotionen?
Experten sind zu der Schlussfolgerung gelangt:

- Sie entstehen im Mittelhirn.
- Sie lösen komplexe physiologische Veränderungen im Körper aus.

Diese Veränderungen versetzen uns in Handlungsbereitschaft und verstärken die **Tendenz** zu bestimmten Reaktionsmustern.

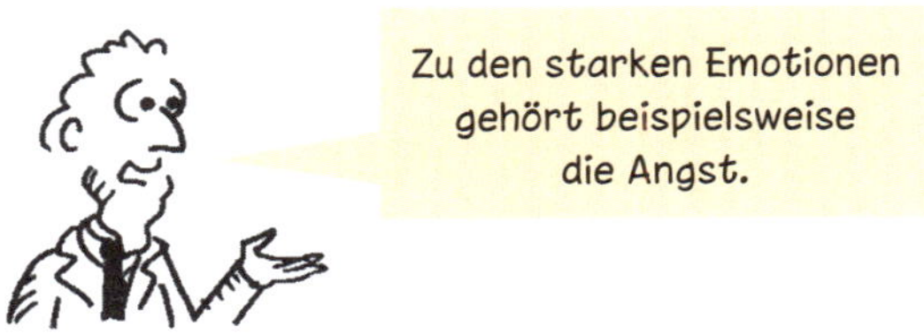
Zu den starken Emotionen gehört beispielsweise die Angst.

Physische Symptome
schnelle, flache Atmung
erhöhte Herzfrequenz
Schweißausbrüche
flaues Gefühl im Magen
Fluchtreflex = Muskel-
anspannung

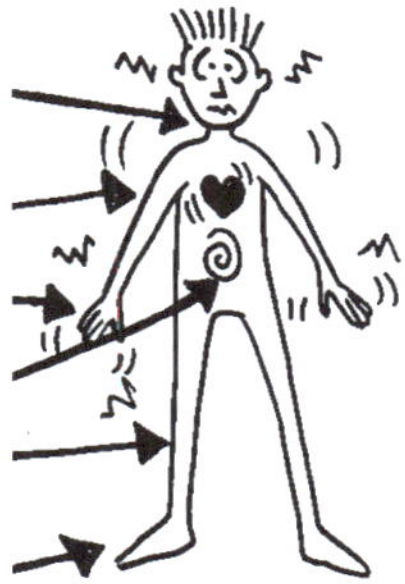

Reaktionstendenz
hektisches Sprechtempo
Nervosität
rastlos auf und ab gehen

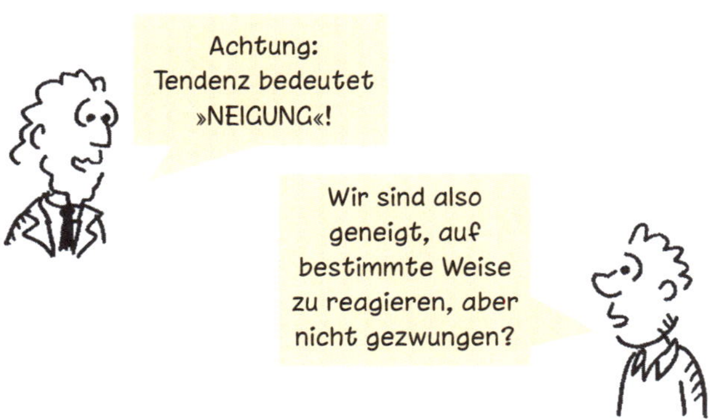
Achtung: Tendenz bedeutet »NEIGUNG«!
Wir sind also geneigt, auf bestimmte Weise zu reagieren, aber nicht gezwungen?

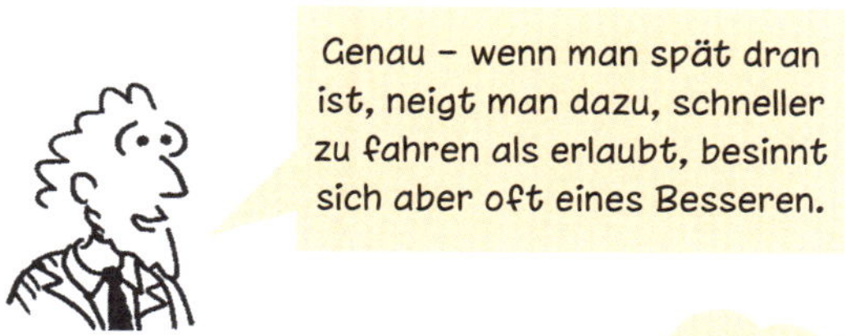
Genau – wenn man spät dran ist, neigt man dazu, schneller zu fahren als erlaubt, besinnt sich aber oft eines Besseren.

Menschenskind! Immer mit der Ruhe!

Emotionen bestehen aus **Worten** und **Bildern** im Kopf und **Symptomen** und **Empfindungen** im Körper.

Ich fürchte, das geht schief.

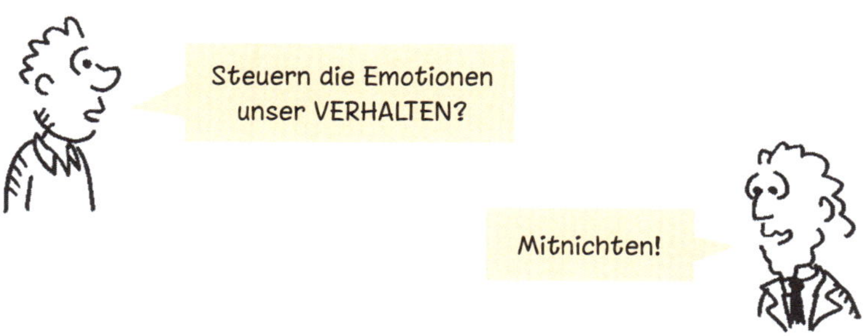
Steuern die Emotionen unser VERHALTEN?
Mitnichten!

Wir können in Wut geraten, aber trotzdem besonnen handeln.

Wir haben vielleicht die Neigung, laut zu werden oder (verbal) um uns zu schlagen.

Doch niemand zwingt uns, diesem Impuls nachzugeben. Wir haben andere Handlungsoptionen.

In Situationen, die uns Angst machen, verspüren wir unwillkürlich den Drang, uns aus dem Staub zu machen …

Schluck!

… aber wir beschließen, es **nicht** zu tun.

Wir haben vielleicht keine unmittelbare Kontrolle über unsere **Gefühle** …

Oje!

… wohl aber über unsere **Reaktionen** darauf.

Nicht weglaufen!
Langsamer
Rückzug!
?

Die Vorstellung, dass Gefühle das Verhalten zwingend vorschreiben, ist ein großer TRUGSCHLUSS!

Es mag den Anschein haben, als würden starke Gefühle bestimmte Reaktionsmuster vorprogrammieren.

Doch mit entsprechender Übung lernen wir, unsere Handlungsoptionen auch dann in Ruhe zu überdenken, wenn die Gefühle hohe Wellen schlagen.

Selbst wenn wir in **Rage** sind, können wir

- stillstehen,
- leise und mit Bedacht sprechen,
- einen Schluck Wasser trinken,
- zur Toilette gehen.

Gefühle sind wie das Wetter – wechselhaft und immer präsent.

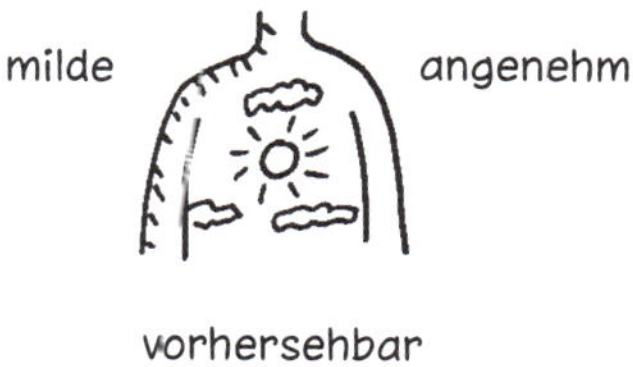
milde
angenehm
vorhersehbar

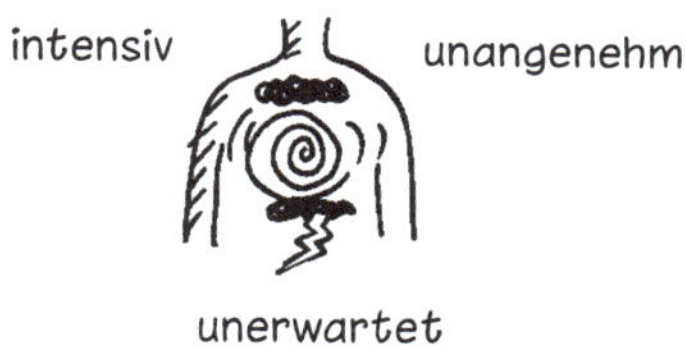
intensiv
unangenehm
unerwartet

Einige Menschen stehen in engem Kontakt zu ihren Gefühlen und können sie problemlos zum Ausdruck bringen …

Ich bin ängstlich und nervös.

… während andere ein distanziertes Verhältnis zu ihnen haben und nur schwer an sie herankommen.

Keine Ahnung, wie ich mich fühle! Ganz okay, schätze ich.

Gefühle entstehen in **drei Phasen**:

1 Ein bedeutsames Ereignis tritt ein

entweder **innerlich** (zum Beispiel ein Gedanke)

Ich bin ein Scheusal.

oder **äußerlich**

Das Gehirn registriert es als **wichtig** …

2 … und nimmt eine **Wertung** vor.

Gut?
Schlecht?

Es versetzt uns in **Handlungsbereitschaft**.

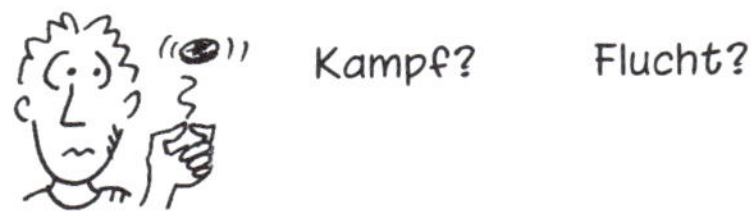
Kampf?
Flucht?

3 Es erzählt uns eine **Geschichte** zu dieser Erfahrung …

Frustrierend?
Angenehm?
Traurig?
Spannend?
Schuldbeladen?

… die andere vielleicht, aber nicht zwangsläufig teilen.

Das macht Spaß!
Das ist schrecklich!

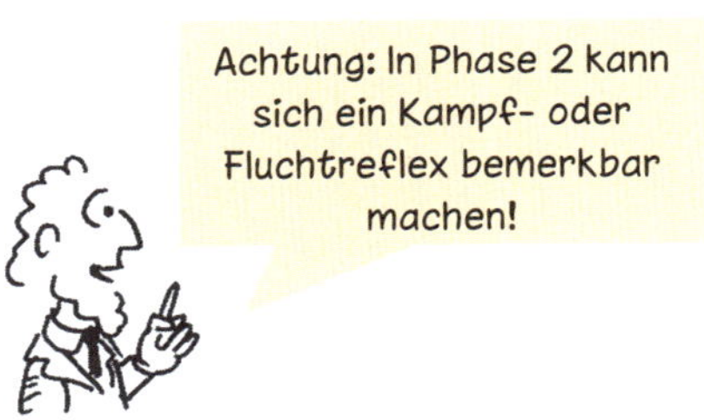
Achtung: In Phase 2 kann sich ein Kampf- oder Fluchtreflex bemerkbar machen!

Was ist das?

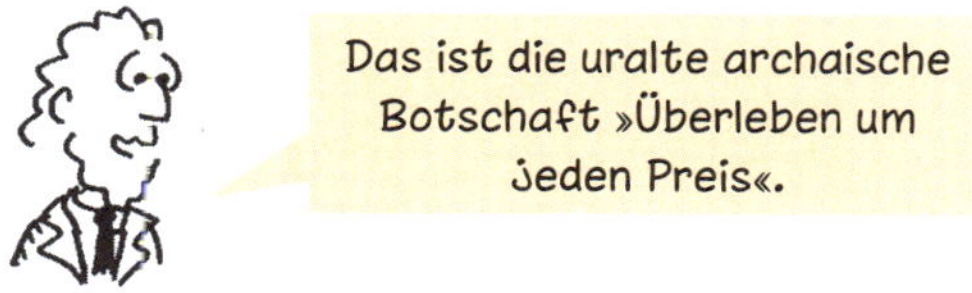
Das ist die uralte archaische Botschaft »Überleben um jeden Preis«.

Um die eigene Haut zu retten, können wir uns entweder der Bedrohung stellen und mit dem Mammut **kämpfen** …

… oder die **Flucht** ergreifen!

Der menschliche Verstand hat im Lauf der Evolution gelernt, **überall** nach Gefahren Ausschau zu halten.

Eine übellaunige Partnerin

Ein zu hohes Darlehen

Bank

Ein kontroll-süchtiger Chef

Ein beängstigender Gedanke

Der Kampf- oder Fluchtreflex ruft unangenehme oder »negative« Gefühle hervor.

Schuldgefühl

Angst

Ordnet das Gehirn die Erfahrung als »gut« ein, werden »positive« Gefühle ausgelöst.

Freude

Lust

Wonne

Doch »negativ« und »positiv« sind nur **Etiketten**, die den Gefühlen angehängt werden.

Trotzdem sind mir positive Gefühle lieber.
Wem nicht! Doch wenn diese Vorliebe zwanghaft wird, leisten wir Problemen Vorschub.
Doch es gibt eine neue, wirksame Möglichkeit, schmerzliche Gefühle in den Griff zu bekommen.

KAPITEL 8

Waffenstillstand

Die meisten von uns schenken den **Geschichten** über schmerzliche Gefühle bereitwillig Glauben, beispielsweise:

Wut Schuld Scham Angst Unbehagen und Besorgnis gehören zu den »negativen« Emotionen
Sie sind schlecht, gefährlich, irrational und ein Zeichen der Schwäche.
Sie deuten auf eine psychische Störung hin.
Meine Gesundheit wird darunter leiden.
Wir tun gut daran, Gefühle zu verbergen.
Sie lassen mangelnde Kontrolle erkennen.
Frauen geraten nicht in Wut.
Männer dürfen keine Angst empfinden.
Ich muss meine Emotionen voll im Griff haben.

Wenn nicht, ist die Katastrophe vorprogrammiert!
Negative Gefühle legen die Schlussfolgerung nahe, dass irgendetwas in meinem Leben nicht stimmt.

Die persönliche Einstellung zum Umgang mit Gefühlen wird in hohem Maß von der **frühkindlichen Programmierung** geprägt. Negative Emotionen können

unterdrückt werden

Hör endlich auf zu heulen! Ist doch nur eine Puppe!
Um Himmels willen, benimm dich wie ein Mann!

Wenn man sie zulässt, können sie beängstigend sein.

Rede dir alles von der Seele!

ÜBUNG

Machen Sie sich Ihre frühkindliche Programmierung in Bezug auf Ihre **Emotionen** bewusst.

1. Welche Botschaften haben Sie erhalten?
2. Welche Emotionen galten als erwünscht oder unerwünscht?
3. Welche Strategien wurden Ihnen für den Umgang mit Gefühlen nahegelegt?
4. Welche Emotionen wurden in Ihrer Familie offen zum Ausdruck gebracht? Unterdrückt? Missbilligt? Kaschiert?
5. Welche Emotionen galten in Ihrer Familie als annehmbar? Unannehmbar?
6. Wie gingen die Erwachsenen mit ihren eigenen Gefühlen um?
7. Wie haben diese Bezugspersonen auf Ihre Gefühle reagiert?
8. Was haben Sie aus diesen Beobachtungen gelernt?
9. Welche Vorstellungen haben Sie bis heute bewahrt?

Emotionen bewerten

Wir neigen dazu, Emotionen nach unserer psychischen Befindlichkeit zu bewerten.

ACT – Werturteile loslassen und Emotionen als das wahrnehmen, was sie sind:

- Es sind ständig wechselnde Empfindungen, die sich auf den ganzen Körper auswirken.
- Kein Gefühl ist an sich »gut« oder »schlecht«.
- Ein Gefühl kann unangenehm oder angenehm sein, aber wenn wir uns von dem Gedanken vereinnahmen lassen, es sei schlecht, verschlimmern wir die Situation.

In meiner Familie wurden Liebe und Zuneigung nie offen zum Ausdruck gebracht. Mir wäre ein solcher Gefühlsüberschwang UNANGENEHM.
Doch deshalb müssen diese Gefühle nicht SCHLECHT sein, oder?
Ich HASSE es, Angst zu haben!
VERSTÄNDLICH! Ein unangenehmes Gefühl, das NIEMANDEM gefällt!

Der Verstand bewertet die Gefühle automatisch, aber man kann sich von den Werturteilen distanzieren, indem man sie entschärft. Hier einige Beispiele für verschiedene Defusionstechniken:

Ich mag dieses Gefühl nicht!
Ich DENKE nur, dass ich dieses Gefühl nicht aushalten kann.
Das ist SCHRECKLICH!
Ich MERKE, dass ich pauschal zu der ÜBERZEUGUNG gelangt bin, Angst sei schrecklich!

Werturteile vergrößern das emotionale Unbehagen, genau wie …

Bilanz ziehen

WOHER kommt dieses Gefühl?

Der Rückblick auf sämtliche Probleme, die man jemals hatte, führt zu dem Trugschluss, das Leben sei eine einzige Katastrophe.

Das Sündenregister herunterbeten

WOMIT habe ich das verdient?

Alle »Delikte« aufzuzählen, um eine »Strafe« zu erklären, löst fortwährende Selbstvorwürfe aus.

Geschichtsforschung

WARUM bin ich so?

Die eigene Biografie zu durchforsten, um einen Schuldigen zu finden, kann Wut, heimlichen Groll und Hoffnungslosigkeit zur Folge haben.

Was stimmt nicht mit mir?

Eine weitere Rückerinnerung an die eigenen Fehler und Unzulänglichkeiten.

Das schaffe ich nicht.

Der Verstand liefert uns eine Geschichte, die uns schwächt.

Solche Gefühle sind eigentlich unangemessen!

Der Verstand führt ein Streitgespräch mit sich selbst.

Ich wünschte, ich würde anders empfinden.

Der Wunsch ändert nichts an der Realität.

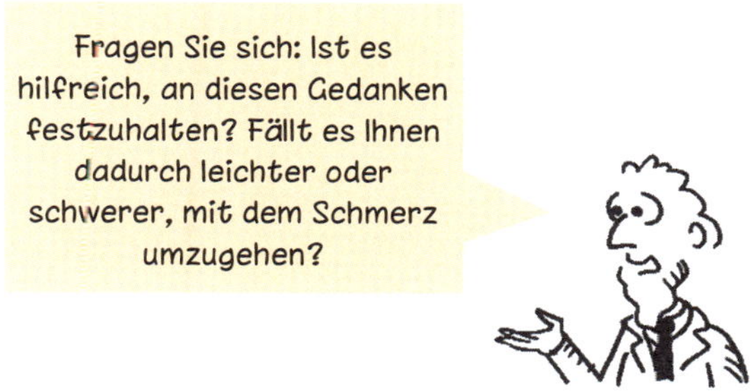
Fragen Sie sich: Ist es hilfreich, an diesen Gedanken festzuhalten? Fällt es Ihnen dadurch leichter oder schwerer, mit dem Schmerz umzugehen?

Wenn schmerzliche Gefühle auftauchen, tun wir instinktiv alles, was in unserer Macht steht, um sie zu **vermeiden** oder **abzuschütteln**.

Doch oft machen Problemlösungen, die uns kurzfristig Erleichterung verschaffen …

… das Leben langfristig schwerer.

Wie gehen wir also effektiv mit schmerzlichen Gefühlen um?
Mit einer Strategie, die als »Platz schaffen« bezeichnet wird.

Zur Veranschaulichung des Konzepts des Platzschaffens hier einige Begriffe, die **»ungute Gefühle«** beinhalten:

Nervosität – Anspannung oder innere Unruhe

Stress – Belastung oder Druck

Belastung – Beanspruchung über die angemessenen Grenzen hinaus

Mit anderen Worten: Diese Begriffe beschreiben, dass wir uns **zerrissen** oder **überfordert** fühlen.

Bedauern
Schmerz
Kummer
Schuldgefühle

Diese Worte deuten an, dass die Emotionen zu groß sind, um sie zu integrieren – wir haben »nicht genug Raum« für sie.

Betrachten wir den Begriff »Platz schaffen« näher:

Platz schaffen:
ausdehnen
entfalten
entwickeln

Aber wenn ich mich meinen Gefühlen öffne, übernehmen sie das Kommando und ich verliere die Kontrolle!
Das sind nur Geschichten, die uns der Verstand einreden will! Wir sollten ihm danken und Raum für andere Optionen schaffen.

Bevor wir fortfahren, kommen wir noch einmal auf ein hilfreiches Konzept zurück.
Aha! Welches Konzept?

Erinnerst du dich an die beiden Komponenten des menschlichen Geistes, das denkende und das beobachtende Selbst?
Ach ja! Erinnerst du mich gelegentlich daran?
Klar ...

Das **denkende Selbst**
besteht aus

- Gedanken
- Bewegung
- Vorstellungsbildern
- Erinnerungen

Das **beobachtende Selbst**
besteht aus

- Wahrnehmung
- Aufmerksamkeit
- Fokussierung

ÜBUNG

Nehmen Sie mithilfe Ihres **beobachtenden Selbst** die Vorgänge in Ihrem Körper wahr; lassen Sie Ihre Gedanken kommen und gehen, wie eine Radiosendung, die im Hintergrund läuft.

Atmen Sie flach? Tief? Schnell? Langsam?

Wie fühlt sich Ihr Mund an? Warm? Kühl? Nass? Trocken?

Welche Position nehmen Ihre Arme ein?

Spüren Sie Verspannungen im Nacken- oder Schulterbereich?

Ist Ihnen heiß oder kalt? Wo empfinden Sie Wärme / Kälte?

Ist Ihre Wirbelsäule gerade oder gebeugt?

Welche Stellung nehmen Ihre Beine ein?

Wo haben Sie Ihre Füße platziert?

Scannen Sie den ganzen Körper und nehmen Sie jeden Anflug von Spannung, Schmerz oder Unbehagen wahr.

Achten Sie nun auf angenehme oder wohltuende Empfindungen.

Möchten Sie etwas an Ihrer Körperposition ändern? Ändern Sie es und nehmen Sie wahr, wie sich das anfühlt.

Verspüren Sie das Bedürfnis, zu essen, zu schlafen, sich zu kratzen oder zu dehnen?

Wahrnehmen und **Nachdenken** sind zwei Paar Schuhe.

Das **denkende Selbst** liefert die »Kommentare«.

Was soll das Ganze?
Hoffentlich mache ich es richtig.

Das **beobachtende Selbst** nimmt die Empfindungen lediglich zur Kenntnis.

Und manchmal verstummt das **denkende Selbst** für den Bruchteil von Sekunden, wenn wir es beobachten!

Beim **Platzschaffen** umgehen wir die Gedanken und verbinden uns durch das beobachtende Selbst mit unseren Gefühlen. Dabei erfahren wir die Emotionen aus erster Hand, statt uns auf die Einflüsterungen des denkenden Selbst einzulassen. Die Devise lautet also: wahrnehmen statt nachdenken.

Aber meine Gedanken lassen mir keine Ruhe!
Klar, das denkende Selbst versucht dich abzulenken ...
Das ist mir nicht geheuer.
Ich habe Angst.
Das ist mir zu kompliziert.
Das schaffe ich nicht.
Das erledige ich später.
Und was mache ich jetzt?
Lass die Gedanken einfach vorüberziehen wie den Verkehr auf der Straße.

Wenn draußen vor dem Fenster reger Verkehr herrscht, springen wir ja auch nicht jedes Mal auf, wenn ein Wagen vorüberfährt. Das gilt auch für die **Gedanken**: Niemand verlangt, dass wir auf jeden Einzelnen reagieren!

Wenn wir uns aber doch von einem »quietschenden Reifen« ablenken lassen, fokussieren wir uns einfach wieder.

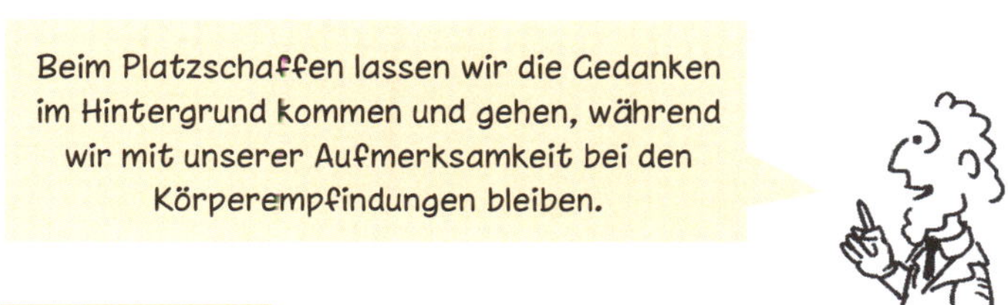
Beim Platzschaffen lassen wir die Gedanken im Hintergrund kommen und gehen, während wir mit unserer Aufmerksamkeit bei den Körperempfindungen bleiben.

Zur Erinnerung:

- Emotionen entstehen durch physische Veränderungen im Körper.
- Die Aufmerksamkeit sollte sich auf die physischen Empfindungen fokussieren.

RAUM SCHAFFEN FÜR SCHMERZLICHE EMOTIONEN: 3 SCHRITTE

1 **Beobachten** Durchforsten Sie Ihren Körper nach Bereichen, in denen sich unangenehme Empfindungen bemerkbar machen.

Sind sie STATISCH oder BEWEGLICH?

Wie tief gehen sie?

Wo sind sie am stärksten / schwächsten spürbar?

Wo beginnen und enden sie?

Richten Sie Ihr Augenmerk auf die Körperempfindungen, die Sie am meisten stören, und beobachten Sie diese mit Neugierde und Offenheit.

2 **Atmen**

Langsame, tiefe Atemzüge

Lenken Sie Ihren Atem in und um diese Empfindungen herum und schaffen Sie ihnen Raum.

Das fühlt sich an, als würden Sie sich an dieser Stelle öffnen und ausdehnen, um die Empfindungen zu umfassen.

3 **Zulassen**

Danke, Grips!
Aha!!

Nehmen Sie wenig hilfreiche Gedanken einfach nur zur Kenntnis.

Lassen Sie die Empfindungen zu, auch wenn sie Ihnen nicht behagen.

Bedanken Sie sich bei Ihrem Verstand für jede Form des Widerstands.

Versuchen Sie nicht, eine Empfindung abzuschütteln oder mit Gewalt zu ändern. Das Ziel besteht darin, sie als das wahrzunehmen, was sie ist, und Frieden damit zu schließen. Fokussieren Sie sich darauf, bis Sie imstande sind, damit abzuschließen. Sobald Sie spüren, dass Sie nicht länger dagegen ankämpfen, können Sie Ihre Aufmerksamkeit einer anderen Empfindung zuwenden.

Vergegenwärtige dir eine Situation, die dich belastet.
Bist du VERRÜCKT? Ich hab keine Lust auf den Stress!
Wärst du bereit, dich auf die Erfahrung einzulassen, auch wenn sie dir nicht behagt?
Warum sollte ich?
Weil im Leben immer wieder UNANGENEHME GEFÜHLE auftauchen werden.
Und der Versuch, sie zu meiden, schafft oft nur noch mehr Probleme.

Die Bereitschaft, sie **zuzulassen**, mindert dagegen ihre Wirkung und ihren Einfluss.

Ist das nicht masochistisch?
Nein, denn diese Erfahrung dient einem GUTEN ZWECK!
Und welchem?
Gesundheit und Wohlbefinden zu verbessern und wichtige Fähigkeiten zu erwerben, um dein Leben von Grund auf zu VERWANDELN!
Gut! Dann ruf dir eine Erfahrung ins Gedächtnis zurück, die dich belastet. Verbinde dich mit einem unangenehmen Gefühl und leite die drei Schritte des Platzschaffens ein.
Okay, ich werde es versuchen!

ÜBUNG

Machen Sie zwei- bis dreimal am Tag jeweils für drei bis fünf Minuten die oben beschriebene Übung in drei Schritten.

Im nächsten Kapitel werfen wir einen Blick auf Schwierigkeiten, die während der Übungsphase auftreten könnten.

KAPITEL 9

Problemlösung beim Platzschaffen

Das Konzept des **Platzschaffens** ist einfach, aber kein Kinderspiel! Doch wie bei jeder sinnvollen Herausforderung lohnt sich die Mühe. Deshalb gehen wir nun einigen Schwierigkeiten, denen Sie sich anfangs gegenübersehen könnten, auf den Grund und zeigen Lösungsmöglichkeiten auf.

Ich habe versucht, meinen Emotionen Raum zu verschaffen, aber sie waren einfach überwältigend!
Nimm nicht zu viel auf einmal in Angriff. Es ist besser, sich ein Gefühl nach dem anderen vorzunehmen.
Wow! Die unangenehmen Gefühle sind tatsächlich verschwunden!
Genieß deine Freiheit, aber denk daran: Das ist nicht das eigentliche Ziel, sondern eine angenehme Dreingabe.
Ich habe meinen Gefühlen Raum verschafft, aber sie sind noch da!
Gefühle kommen und gehen nach ihrem eigenen Ermessen.

Okay, ich habe meinen Gefühlen Raum verschafft. Was nun?
Jetzt ist es an der Zeit, effektiv und wertkonform zu handeln.
Warum kommst du immer wieder auf Handeln und Werte zurück?
Um ein reiches und erfülltes Leben zu führen, müssen wir in Übereinstimmung mit unseren Werten handeln.
Ist dafür eine tiefe, langsame Atmung erforderlich?
Nein, aber sie hilft. Die Schlüsselelemente in diesem Prozess sind WAHRNEHMEN und ZULASSEN.
Aber wenn ich in Wut gerate, fühle ich mich völlig benommen.
Dann verschaff zuerst dem Gefühl der Benommenheit Raum. Vielleicht stellst du dann fest, dass andere Gefühle folgen.

Kann ich diese Übung auch am Arbeitsplatz oder in der ÖFFENTLICHKEIT machen?
Klar, aber im Schnelldurchgang! Atme tief ein und aus und schaff Raum für das Gefühl. Dann kehr mit deiner Aufmerksamkeit zur ursprünglichen Aktivität zurück.
Kann das DENKENDE SELBST den Prozess des Platzschaffens unterstützen?
Ja – mit dem INNEREN DIALOG und VORSTELLUNGSBILDERN.

INNERER DIALOG ZUM PLATZSCHAFFEN

Ich mag dieses Gefühl nicht, aber ich lasse ihm Raum.
Es ist unangenehm, aber ich AKZEPTIERE es.
Ich habe das UNANGENEHME Gefühl …
Ich könnte gut darauf verzichten, aber ich kämpfe nicht dagegen an.

VORSTELLUNGSBILDER ZUM PLATZSCHAFFEN

Durchforsten Sie Ihren Körper nach unangenehmen Gefühlen. Stellen Sie sich die Empfindung bildlich vor, wie einen Gegenstand.

Größe?
Form?
Farbe?
Struktur?
Statisch?
Beweglich?

Lenken Sie nun Ihren Atem in die Empfindung und verschaffen Sie ihr Raum.

Wie oft sollte ich ÜBEN?
Mindestens DREIMAL am Tag, doch je mehr, desto besser! Übung macht bekanntlich den Meister.
Aber ist es nicht UNGESUND, sich immer wieder auf unangenehme Gefühle zu konzentrieren?
Du schwelgst ja nicht darin, sondern benutzt sie nur als Anschauungsobjekt im Rahmen des Platzschaffens.

Das Ziel besteht darin, unangenehme Gefühle kommen, verweilen und gehen zu lassen, ohne sich gegen sie zur Wehr zu setzen. Konzentrieren Sie sich nur im Rahmen des Platzschaffens darauf. Ansonsten richten Sie Ihre Aufmerksamkeit auf Aktivitäten, die Sie wertschätzen.

KAPITEL 10

Erstklassige Verbindungen

Hallo, jemand zu Hause?

Wir alle sind hin und wieder »geistesabwesend«.

Das **denkende Selbst** geht nur seiner Aufgabe nach: Gedanken am Fließband produzieren. Doch manchmal können diese Gedanken ablenkend sein.

Deshalb sind wir daran gewöhnt, unkonzentriert durchs Leben zu gehen.

Ich kann mich nur noch an die Hälfte der Fahrt erinnern!

Wie oft richten wir unsere **ungeteilte Aufmerksamkeit** auf Aktivitäten wie:

Essen?

Arbeiten?

Ich habe die Seite bestimmt sechsmal durchgelesen!

Lesen?

Es gibt Situationen, in denen uns diese Gedanken-verlorenheit bei unseren Aktivitäten unterstützt …

Hm, wie kann ich dieses Problem lösen?

Aber meistens ist sie eher hinderlich.

Ich habe keine Ahnung, worüber ich mit ihm reden soll. Er findet mich bestimmt langweilig!
Ich muss dringend meine Steuererklärung machen!

Wir kappen die Verbindung zum gegenwärtigen Augenblick, obwohl wir sie aufbauen sollten.

Was bedeutet das?

Das bedeutet, 100-prozentig präsent und wach sein, sich im Hier und Jetzt verankern und mit Neugierde und Offenheit wahrnehmen, was geschieht.

Warum ist das so wichtig?
Damit wir uns voll auf das Leben einlassen können.
Um das Leben uneingeschränkt zu würdigen, bedarf es unserer ungeteilten Aufmerksamkeit!
Wir können das köstlichste Gericht unseres Lebens vor uns haben, aber wenn wir »geistesabwesend« sind, schmecken wir kaum, was wir essen.
VERGANGENHEIT
Mein Arbeitspensum war heute mal wieder die Hölle.
GEGENWART
Hoffentlich sehe ich nicht aus wie ein Vielfraß!
ZUKUNFT
Ob ich es schaffe, meinen Bericht pünktlich abzuliefern?

Wie **Leo Tolstoi** sagte …

> Es gibt nur eine wichtige Zeit: Heute. Hier. Jetzt!

Wir können nur hier und jetzt handeln. Und um effektiv und wertkonform zu handeln, müssen wir voll präsent sein.

Sich mit dem **gegenwärtigen Augenblick** verbinden bedeutet:

- achtsam sein,
- wahrnehmen, was geschieht,
- sich die ganze Fülle des Hier und Jetzt bewusst machen.

In den lichten Momenten des Lebens ist ein solches Verhalten ganz natürlich, doch wenn sich das Leben von seiner Schattenseite zeigt, kann es schwierig werden.

Hier ein Vergleich zwischen **vereinnahmt** und **verbunden**:

VEREINNAHMT	VERBUNDEN	VEREINNAHMT	VERBUNDEN
abgelenkt	achtsam	wertend	wertfrei

Entschuldigung, was hast du gerade gesagt?

Das sollte besser funktionieren.
Ich sollte anders reagieren.
Das ist FALSCH!

VEREINNAHMT
schnell gelangweilt, kennt alles
War schon mal da, hab ich bereits gemacht!
VERBUNDEN
neugierig und voll präsent
VEREINNAHMT
mit den Gedanken in der Vergangenheit oder Zukunft verweilen
Wenn nur ...
Was wäre, wenn?
VEREINNAHMT
abgeschottet
Mist!
VERBUNDEN
offen
DENKENDES SELBST
Kampf gegen die Realität
Das darf doch nicht wahr sein!
BEOBACHTENDES SELBST
Wahrnehmung und Aufgeschlossenheit gegenüber der Realität
Okay, ich gebe mich geschlagen. Was soll ich tun?
Fang mit den nachfolgenden Übungen an.

ÜBUNGEN

Leitlinien

Falls Ihre Gedanken oder Gefühle Sie ablenken:

- Lassen Sie sie kommen und gehen.
- Lenken Sie Ihre Aufmerksamkeit auf die Übung zurück, sobald sie abdriftet (was mit Sicherheit passiert!).
- Sagen Sie im Stillen »Danke, Grips«.

1. Verbindung mit der **Umgebung** – 30 Sekunden

Legen Sie das Buch beiseite und nehmen Sie Ihre **Umgebung** bewusst wahr.

Nutzen Sie sämtliche Sinne. Richten Sie Ihre Aufmerksamkeit auf fünf Gegenstände, die Sie **hören, sehen, spüren können.**

2. Wahrnehmung des **Körpers** – 30 Sekunden

Richten Sie die Aufmerksamkeit auf die **Position** Ihres ganzen **Körpers**.

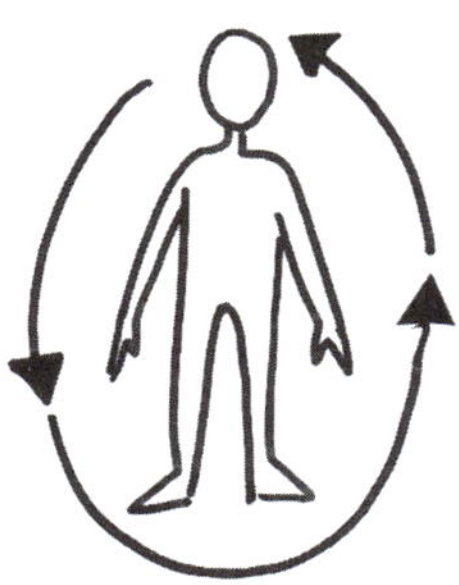

Durchforsten Sie ihn mental und nehmen Sie die **Körperempfindungen** in jedem einzelnen Bereich wahr.

3. Wahrnehmung des **Atems** – 30 Sekunden

Verbinden Sie sich mit Ihrem **Atem**.

Nehmen Sie wahr, wie er **ein- und ausströmt**. Nehmen Sie wahr, wie Ihr Körper den Atem nutzt.

4. Wahrnehmung der **Geräusche** – 30 Sekunden

Piiiiiep
Rrr

Was **hören** Sie?

Was ist dir bei der Übung aufgefallen?
Ich wusste gar nicht, wie viel mir in meinem Leben ENTGANGEN ist!
Wir kappen ziemlich oft die Verbindung zum Hier und Jetzt, oder?

Wenn wir uns von den Geschichten vereinnahmen lassen, die uns der Verstand einredet, schotten wir uns von allem ab, was das Leben zu bieten hat.

Ich bin Single, einsam und schon wieder ein Jahr älter!
Herzlichen Glückwunsch zum Geburtstag, Jana!

Je mehr wir uns von unangenehmen **Gedanken** und **Gefühlen** vereinnahmen lassen, desto mehr schotten wir uns vom **gegenwärtigen** Geschehen und der Chance ab, uns voll auf Aktivitäten einzulassen, die uns wichtig sind.

Keiner liebt mich!
WIR LIEBEN DICH, JANA!

Wir lassen uns in düstere Gedanken über die **Zukunft** verstricken:

Das könnte grauenvoll werden!

Wir lassen uns in düstere Gedanken über die **Vergangenheit** verstricken:

Ich habe alles verloren!

Wir können unsere Aktivitäten nur schwer genießen, wenn wir uns nicht voll auf sie einlassen, sondern zulassen, dass unsere Gedanken abschweifen!

Das bringt nichts!

Das wird was!

Doch der Umkehrschluss trifft ebenfalls zu!

Sich mit einer Erfahrung mental zu verbinden ist eine wichtige Fähigkeit, um das Leben mit all seinen Facetten zu genießen.

ÜBUNG:

Sich mit angenehmen Aktivitäten verbinden

Üben Sie, sich jeden Tag auf mindestens eine angenehme Aktivität voll einzulassen.

ÜBUNG:
Sich mit einer sinnvollen Aufgabe verbinden

Wählen Sie eine Aufgabe, die Sie nicht mögen, und üben Sie, sich mit ihr zu verbinden.

- Gehen Sie ohne Erwartungen an sie heran.
- Nehmen Sie den Ablauf bewusst wahr.
- Öffnen Sie alle Sinne für das Geschehen.
- Verschaffen Sie Langeweile oder Frustration Raum.
- Falls Ihre Gedanken abschweifen, danken Sie Ihrem Verstand und kehren mit Ihrer Aufmerksamkeit zur Übung zurück.

ÜBUNG:
Sich mit einer Aufgabe verbinden, die Sie bisher gemieden haben

Wählen Sie eine Aufgabe, die Sie auf die lange Bank geschoben haben.

Nehmen Sie sich 20 Minuten Zeit und beginnen Sie damit, sich mental mit ihr zu verbinden.

Nach 20 Minuten steht es Ihnen frei, aufzuhören oder weiterzumachen.

Arbeiten Sie jeden Tag 20 Minuten daran, bis die Aufgabe beendet ist.

Diese Übungen lassen sich mit dem Aufbau von Muskeln vergleichen: Sie verbessern die Fähigkeit, Veränderungen zu stemmen und das Leben auf den gewünschten Kurs zu trimmen.

Nachhaltige Veränderungen bringen meistens ein gewisses Maß an **Unbehagen** mit sich.

Neue berufliche Laufbahn – → bei null anfangen

Jemanden einladen – → mögliche Ablehnung

VERMEIDEN =
keine Veränderung / Stillstand

VERBINDEN =
Bewegung / Verbesserung

Die Mühe lohnt sich, oder?

Sie können jederzeit in den Verbindungs-, Defusions- und Platzschaffen-Modus umschalten … oder auch nicht! Die Entscheidung liegt allein bei Ihnen.

Ein anderer Begriff, der den Prozess der Entschärfung, des Platzschaffens und der mentalen Verbindung beschreibt, ist **»Achtsamkeit«**.

Achtsamkeit bedeutet nicht, alles zu bedenken!

Die **ACT**-Definition der Achtsamkeit lautet:

- Aufmerksamkeit, gepaart mit Offenheit und Neugierde
- Gedanken und Gefühlen, gleich welcher Art, Raum verschaffen
- sich voll auf die Erfahrung des Hier und Jetzt einlassen

ÜBUNG:

Achtsames Atmen

Nehmen Sie sechs tiefe, langsame Atemzüge. Nach einer vollen Ausatmung lassen Sie die Luft sanft einströmen. (Wenn Sie es richtig machen, weitet sich die Bauchdecke.) Üben Sie, sich mit der Erfahrung des gegenwärtigen Augenblicks zu verbinden: Richten Sie die Aufmerksamkeit auf den Atemfluss!

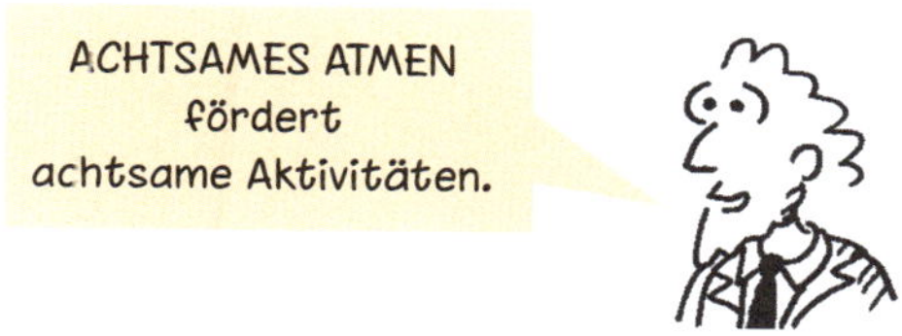
ACHTSAMES ATMEN fördert achtsame Aktivitäten.

Was ist Ihnen dabei aufgefallen?

Meine Anspannung hat nachgelassen.
Meine nicht!
Ich habe angefangen, loszulassen.
Ich nicht!
Ich habe mich mit meinem Körper verbunden.
Ich nicht!
Meine Gedanken sind zur Ruhe gekommen.
Meine nicht!

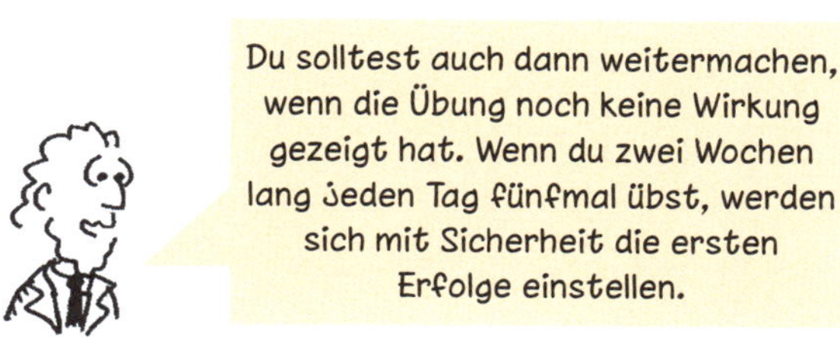
Du solltest auch dann weitermachen, wenn die Übung noch keine Wirkung gezeigt hat. Wenn du zwei Wochen lang jeden Tag fünfmal übst, werden sich mit Sicherheit die ersten Erfolge einstellen.

Achtsames Atmen kann uns mit dem **Hier** und **Jetzt** verbinden.

DREI ÜBUNGEN

Nehmen Sie abermals sechs Atemzüge, aber konzentrieren Sie sich bei den ersten drei ausschließlich auf den Atemfluss.

Bei den nächsten drei Atemzügen erweitern Sie Ihren Fokus und beziehen Ihre Umgebung mit ein.

Was haben Sie wahrgenommen?

Nehmen Sie nun neun Atemzüge

Die ersten drei: Fokussieren Sie sich auf die Atmung.

Die nächsten drei: Fokussieren Sie sich auf die Atmung und Ihre Gedanken.

Die letzten drei: Fokussieren Sie sich auf die Atmung und Ihre Körperempfindungen.

Das trägt zur Akzeptanz der Gedanken und Gefühle und inneren Sammlung bei.

Nun nehmen Sie zwölf Atemzüge

Die ersten drei: Fokussieren Sie sich nur auf die Atmung.

Die zweiten drei: Fokussieren Sie sich auf die Atmung und Ihre Gedanken.

Die dritten drei: Fokussieren Sie sich auf Ihre Atmung, Ihre Gedanken und Ihren Körper.

Die letzten drei: Fokussieren Sie sich breit gefächert auf Ihre Atmung, Ihre Gedanken, Ihren Körper und Ihr Umfeld.

BEACHTE: Achtsames Atmen ist weder eine Entspannungstechnik noch eine Strategie zur Vermeidung von Gefühlen, sondern dient als Anker, der uns in einem emotionalen Sturm Halt gibt.

DENKEN SIE DARAN: Selbst ein einziger langsamer, tiefer Atemzug kann dazu beitragen, uns zu verankern, bis der Sturm vorüberzieht.

ÜBUNG

(Nehmen Sie sich dafür ein- oder zweimal am Tag zehn Minuten Zeit.)

Setzen oder legen Sie sich bequem hin.

Lassen Sie Ihre Gedanken kommen und gehen.

Fokussieren Sie sich sechs Minuten lang auf Ihren Atem.

Sobald die Aufmerksamkeit abschweift, lenken Sie sie auf die Atmung zurück.

Konzentrieren Sie Ihre Aufmerksamkeit in den nächsten drei Minuten auf Ihren Körper, seine Gefühle und Empfindungen.

In der letzten Minute öffnen Sie die Augen und nehmen den Raum ringsum wahr.

Regelmäßige Übung trägt zu einer merklichen Steigerung des Wohlbefindens von Körper, Geist und Seele bei.

KAPITEL 11

Sie sind nicht der, für den Sie sich halten

Was **stört** Sie am meisten an sich selbst?

Das sind nur einige der am weitesten verbreiteten Antworten. Die Variationen sind endlos, leiten sich aber von einem gemeinsamen Grundthema her:

Trotz aller Bemühungen und Leistungen entdeckt das **denkende Selbst** stets irgendwelche **Unzulänglichkeiten** an uns.

Du hast vielleicht eine durchaus POSITIVE Meinung von dir ...
Ich bin gut in meinem Job. Ich ernähre mich gesund, treibe Sport, bin großzügig. Deshalb bin ich völlig okay und kann mit mir ZUFRIEDEN sein.
Und wenn du zutiefst ÜBERZEUGT bist, mit dir zufrieden sein zu können, empfindest du auch ein Gefühl der Zufriedenheit.
Doch leider müssen wir diese Ansicht oft unter Beweis stellen, rechtfertigen ...
Ich bin okay ...
... oder doch nicht?
... oder uns gegen die Nicht-gut-genug-Geschichten, die sich einschleichen, zur Wehr setzen.

Wie beim Schachspiel sind wir ständig in einen Kampf zwischen den »guten« und den »schlechten« Gedanken und Gefühlen verstrickt.

Ich bin ein netter Kerl.
Ich bin ein Egoist.

Wir rücken mit unseren »Lichtgestalten« zum anderen Ende des Spielfelds vor …

Ich habe gerade eine Beförderung erhalten.
Ich habe meinen Freunden geholfen.
Ich gehe regelmäßig ins Fitnesscenter.

… nur um festzustellen, dass eine ganze Armee von »Bösewichten« bereits darauf wartet, zum Gegenangriff überzugehen.

Du hast die Präsentation vermasselt!
Du warst am Zug – Schlafmütze!
Dein Freund meldet sich nicht mehr – er hat dir den Laufpass gegeben!

Der Versuch, sich durch **positive Affirmationen** ein gutes Selbstwertgefühl zu verschaffen, ist nur begrenzt erfolgreich …

Ich finde mich prima und weiß genau, was ich wert bin!
Ich bin ein Mensch ohne Fehl und Tadel.

Erstens wären Sie davon genauso wenig überzeugt, als würden Sie behaupten …

Ich bin Superman!
Ich bin Wonder Woman, die größte Superheldin aller Zeiten!

und zweitens, selbst wenn Sie die Aussage für wahr hielten …

Ich bin ein netter, fürsorglicher Mensch.
Ich bin loyal und vertrauenswürdig.

… wird Ihr **denkendes Selbst** immer mit Gegenargumenten aufwarten.

Wie war das neulich?
Schweigen wie ein Grab? Nicht immer, wenn ich dich erinnern darf!

ÜBUNG

Wiederholen Sie folgende Aussagen und beobachten Sie, welche Gedanken Ihnen dabei spontan durch den Kopf gehen:

Ich bin ein Mensch.

Ich bin ein interessanter Mensch.

Ich bin ein interessanter, wertvoller Mensch.

Ich bin ein kompetenter, liebenswerter, interessanter Mensch.

Ich bin ein perfekter, kompetenter, liebenswerter, interessanter Mensch.

Ja, stimmt!
Das ist nicht dein Ernst!
Red keinen Blödsinn!
Traumtänzer!
Das soll wohl ein Scherz sein!

Je positiver die Affirmationen, desto negativer reagiert der Verstand – richtig? Nun nehmen wir den entgegengesetzten Standpunkt ein und beobachten, was geschieht:

Ich bin ein nutzloser, wertloser Mensch, Abschaum der Gesellschaft.
Moment mal! Das ist maßlos übertrieben – das glaube ich nicht!

Wir verschwenden viel Zeit auf einen endlosen Kampf, der oft mit harten Bandagen geführt wird.

Wie konntest du nur so dumm sein!
Du bist nicht dumm. Du hast nur einen Fehler gemacht.
Wer es glaubt, wird selig! War ja nicht das erste Mal.
Dieses Mal ist es anders. Ich hab meine Lektion gelernt.
Na klar, du redest dir immer alles schön!
Mach ich nicht!
Machst du wohl!

Wenn unsere Aufmerksamkeit auf den Kampf gerichtet ist, fällt es uns schwer, uns mit anderen Aktivitäten zu verbinden. Wir verlieren uns in unseren Gedanken, anstatt uns voll ins **Leben** einzubringen.

Was kann ich also tun?
Dir ein Beispiel am Schachbrett nehmen: Es bietet den Figuren Raum, lässt sich aber nicht in den Kampf hineinziehen!
Wie soll ich das bewerk-stelligen?
Mittels DEFUSION! Löse dich aus dem Bann der Geschichten, egal, ob sie positiv oder negativ sind. Wenn dir der Verstand eine negative Geschichte erzählt, versuch es mit folgender Strategie …

Ich bin ein Versager!
Danke, Grips! Immer die alte »Ich-bin-nicht-gut-genug«-Leier!

Und wenn er uns eine positive Geschichte erzählt …

Ich bin rundum zufrieden mit mir!
Danke, Grips! Endlich mal eine »Ich-bin-gut-genug«-Geschichte!

Lassen Sie die Einflüsterungen Ihres Verstandes vor sich hinplätschern wie eine Radio-Talkshow im Hintergrund …

Hölle und Verdammnis
Staunen und Hoffnung
Gut genug
Nicht gut genug

… und bringen Sie sich voll in Ihr **Leben** ein.

Leben

Schließlich möchten Sie doch sicher, dass Ihre Angehörigen bei Ihrer Beerdigung denken …

Sie war fürsorglich, liebevoll, freundlich und authentisch.
RIP

oder …

Sie hatte eine gute Meinung von sich.
RIP

Sie sind nicht der, für den Sie sich halten. Befreien Sie sich daher aus dem Bann der alten Geschichten und lassen Sie sich voll auf die **Gegenwart** ein!

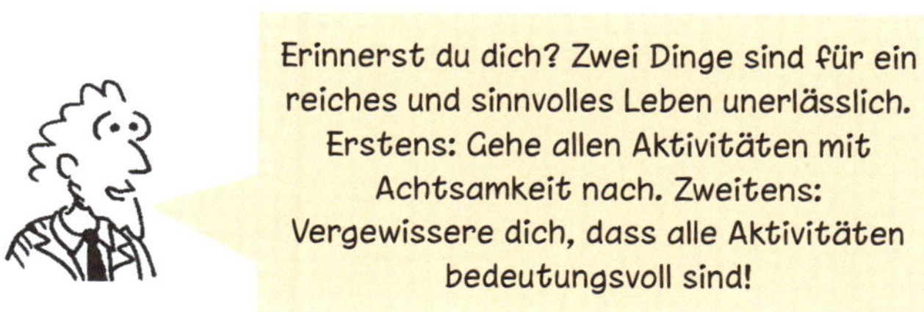
Erinnerst du dich? Zwei Dinge sind für ein reiches und sinnvolles Leben unerlässlich. Erstens: Gehe allen Aktivitäten mit Achtsamkeit nach. Zweitens: Vergewissere dich, dass alle Aktivitäten bedeutungsvoll sind!

Der erste Teil ist kein Problem, aber der zweite ist mir nicht ganz klar.
Im nächsten Kapitel findest du mehr darüber.

KAPITEL 12

Folgen Sie Ihrem Herzen

Worum geht es im Leben?
Warum bin ich auf dieser Welt?
Was macht das Leben lebenswert?

Um ein reiches, erfülltes und sinnvolles Leben zu führen, sollten wir darüber nachdenken, **was** wir tun und **warum** wir es tun.

Es ist an der Zeit, tiefgründige **Fragen** zu stellen, um Klarheit über unsere **Werthaltungen** zu gewinnen.

- Was ist für mich von zentraler Bedeutung?
- Was für ein Mensch wäre ich gerne?
- Wie sollten die Beziehungen beschaffen sein, die ich aufbauen möchte?
- In welche Bahnen könnte ich meine Zeit und Energie lenken, wenn ich nicht gegen unerwünschte Gefühle ankämpfen und Herausforderungen meiden würde, die mir Angst machen?

Werthaltungen beinhalten

- unsere tiefsten Herzensbedürfnisse bezüglich unseres Verhaltens und der Dinge im Leben, die wir wichtig und erstrebenswert finden,
- Orientierungshilfen für den Umgang mit uns selbst, mit anderen und mit der Welt, in der wir leben.

Wenn wir diese Werte als Leitlinien betrachten, gewinnen wir Kraft und erfahren das Leben als **reich**, **erfüllt** und **sinnvoll** – auch dann, wenn es sich von seiner **Schattenseite** präsentiert.

Werte sind nicht das Gleiche wie **Ziele**.

Wert
Ich möchte liebevoll und fürsorglich sein.

Wert

- Das im tiefsten Herzen erwünschte Verhalten.
- Ein Kurs, den wir einschlagen oder verfolgen möchten.
- Ein fortlaufender, nie endender Prozess.

Ziel
Ich möchte heiraten.

Ziel

- Etwas, das wir realisieren, vollenden, erleben, besitzen oder erreichen wollen.
- Sobald das angestrebte Ergebnis erreicht ist, können wir die Angelegenheit als erledigt betrachten, ad acta legen, auf unserer Liste abhaken.

Ziel
Ziel erreicht
Mit fortlaufenden Werten
Ohne fortlaufende Werte
Ich möchte mich beruflich verbessern.
Sie sind eingestellt!
Ich möchte produktiv, kreativ und verantwortungsbewusst sein.
Ich sitze meine Zeit bis zum Feierabend ab.

Warum sind Werte so wichtig?
Die Frage kann der jüdische Psychiater Viktor E. Frankl am besten beantworten.

Frankl überlebte Auschwitz ...
... und schrieb später das Buch ...
... trotzdem Ja zum Leben sagen
... das auf seinen Erfahrungen und Beobachtungen im Konzentrationslager basiert.
Ihm fiel auf, dass diejenigen mit den größten Überlebenschancen nicht immer die Angepasstesten oder Stärksten waren ...
... sondern diejenigen, die einen Lebenszweck hatten.
Meine Kinder
Ich werde der ganzen Welt davon berichten!
... und etwas, wofür es sich zu leben lohnte!
Frankls wichtigster Lebenszweck war seine Frau
Ich halte durch, ihretwegen!
Ich werde sie wiedersehen!
Diese Werte verliehen seinem Leben trotz des Grauens einen Sinn.
Halte durch, Josef!
Während diejenigen ohne Lebenszweck ihren Lebenswillen verloren!

Das Leben kann harte Arbeit sein. Es bringt **Herausforderungen** mit sich, wie alles, was von Bedeutung ist. Oft hat das zur Folge, dass wir vorzeitig aufgeben oder uns einer Aufgabe gar nicht erst stellen.

Das ist mir zu kompliziert.
Ich lasse es lieber!

Werte sorgen dafür, dass sich die **Mühe** lohnt.

Wenn wir Wert darauf legen,

uns mit der Natur zu verbinden

... raffen wir uns auf und gehen wandern.

liebevolle Eltern zu sein

... nehmen wir uns die Zeit, mit den Kindern zu spielen.

pfleglich mit uns selbst umzugehen

... achten wir auf ausreichende Bewegung und eine gesunde Ernährung.

Und selbst wenn wir denken (wie viele Menschen, nicht nur die depressiven) ...

Wozu das Ganze?
Soll das alles gewesen sein?
Was habe ich denn schon zu bieten?
Manchmal vergeht mir die Lust am Leben.

... können Werte dem Leben **Sinn** und **Zweck** verleihen.

ÜBUNG

Stellen Sie sich vor, Sie wären 80 Jahre alt. Ergänzen Sie folgende Sätze:

- Ich habe zu viel Zeit damit verbracht, mir Sorgen zu machen wegen ...
- Ich habe zu wenig Zeit damit verbracht, Aktivitäten nachzugehen wie ...
- Wenn ich die Zeit zurückdrehen könnte, würde ich ...

Achtung – kehren die Dämonen an Bord zurück?
Ja!

Gedankendämonen

Ich bin ein Heuchler!
Das schaffe ich nie!
Dafür ist es zu spät!
Ich kann mich nicht ändern!
Ich habe zu viel zu tun!
Ich bin zu müde!
Das hätte ich nicht tun sollen!

Gefühlsdämonen

Unruhe
Verwirrung
Schuldgefühle
Frustration
Angst
Scham
Bedauern
Blamage

Also schnellstens Anker setzen!
Wie?

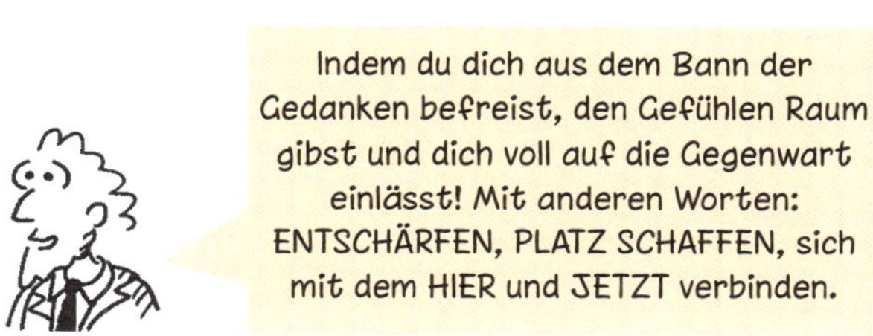
Indem du dich aus dem Bann der Gedanken befreist, den Gefühlen Raum gibst und dich voll auf die Gegenwart einlässt! Mit anderen Worten: ENTSCHÄRFEN, PLATZ SCHAFFEN, sich mit dem HIER und JETZT verbinden.

Was wünschst du dir **wirklich**?

Glück
Wohlstand
Erfolg
Einen tollen Job
Jemanden, der mich liebt
Heiraten und Kinder bekommen

Diese Antworten verkörpern keine **Werte**, sondern **Ziele**. Die Übungen im nächsten Kapitel dienen dazu, Klarheit über die eigenen Werthaltungen zu gewinnen.

Und vergessen Sie nicht: Die **Vergangenheit** existiert nicht – sie besteht nur aus **Erinnerungen** in der **Gegenwart** …

… auch die **Zukunft** existiert nicht – sie besteht nur aus **Gedanken** und **Vorstellungsbildern** in der **Gegenwart**.

Was bleibt also?
Das Hier und Jetzt!
Denk also daran …
… das Leben gewährt denjenigen die besten Gaben, die das Beste aus den Gaben des Lebens machen!

KAPITEL 13

Eine Reise von 1000 Meilen

Wir beginnen dieses Kapitel nicht wie bisher mit Zeichnungen, sondern mit einer Übung zur Klärung Ihrer persönlichen Werthaltungen. Bitte machen Sie diesen Test, bevor Sie weiterlesen; er ist wichtig für alles, was folgt.

ÜBUNG:

Verschaffen Sie sich Klarheit über Ihre persönlichen Werte

Nachstehend finden Sie 40 weitverbreitete Werte. Lesen Sie die Liste durch und schreiben Sie den entsprechenden Buchstaben in das jeweilige Kästchen, je nach Bedeutung, die Sie dem Wert beimessen:

s = sehr wichtig
z = ziemlich wichtig
n = nicht wichtig

1. Akzeptanz / Selbstakzeptanz: mich selbst, andere, das Leben, usw. vorbehaltlos annehmen ☐
2. Abenteuerlust: ein Wagnis eingehen; neue oder stimulierende Erfahrungen bewusst anstreben ☐
3. Durchsetzungsvermögen: respektvoll für meine Rechte eintreten und meine Wünsche geltend machen ☐
4. Authentizität: unverbildet, wahrhaftig und realitätsbezogen sein; mir selbst treu bleiben ☐
5. Fürsorglichkeit / Selbstfürsorge: mich selbst, andere, die Umwelt usw. pfleglich behandeln ☐
6. Anteilnahme / Mitgefühl: mit mir selbst und anderen, die leiden, einfühlsam umgehen ☐
7. Verbindung mit dem gegenwärtigen Augenblick: mich voll auf jede Aktivität einlassen und bei jeder Interaktion 100-prozentig präsent sein ☐

8. Sozialer Beitrag und Großzügigkeit: mich einbringen, geben, helfen, unterstützen oder teilen
9. Teamfähigkeit: kooperativ sein und mit anderen Hand in Hand arbeiten
10. Mut: beherzt oder tapfer sein; trotz Angst, Bedrohung oder Schwierigkeiten standhaft bleiben / mein Ziel verfolgen
11. Kreativität: schöpferisch oder innovativ sein
12. Neugierde: wissbegierig, aufgeschlossen und interessiert sein; erforschen und entdecken
13. Ermutigung: ein Verhalten anspornen und belohnen, das ich bei mir selbst oder anderen schätze
14. Begeisterungsfähigkeit: Aktivitäten suchen, entwickeln oder nachgehen, die spannend oder stimulierend sind
15. Fairness und Gerechtigkeit: mich selbst oder andere fair und gerecht behandeln
16. Fitness: meine physische und mentale Gesundheit bewahren, verbessern oder darauf achten
17. Flexibilität: mich innerlich auf Veränderungen einstellen und mich bereitwillig an wechselnde Umstände anpassen
18. Freiheit und Unabhängigkeit: entscheiden, wie ich leben will, und anderen bei der Realisierung ihrer Vorstellungen helfen
19. Verbindlichkeit: freundlich, gesellig oder verträglich im Umgang mit anderen sein

20. Versöhnlichkeit / sich selbst verzeihen: mir selbst oder anderen vergeben

21. Spaß und Humor: lebensfroh sein; Aktivitäten suchen, entwickeln oder nachgehen, die Freude machen

22. Dankbarkeit: froh sein, dass es mich gibt, und mich selbst, andere und das Leben wertschätzen

23. Aufrichtigkeit: ehrlich, wahrhaftig und offen mit mir selbst und anderen sein

24. Fleiß: unermüdlich, arbeitsam und engagiert sein

25. Nähe: mich öffnen, mich offenbaren und andere emotional oder physisch an meinem Leben teilhaben lassen

26. Liebenswürdigkeit: mich selbst oder andere entgegenkommend, rücksichtsvoll, liebevoll und fürsorglich behandeln

27. Liebe: mir selbst oder anderen mit Herzlichkeit und Wohlwollen begegnen

28. Achtsamkeit: offen für, eingebunden in und neugierig auf den gegenwärtigen Augenblick sein

29. Ordnung: systematisch vorgehen und organisiert sein

30. Ausdauer und Engagement: entschlossen weitermachen, ungeachtet der Probleme oder Schwierigkeiten

31. Respekt / Selbstachtung: mich selbst und andere pfleglich und rücksichtsvoll behandeln

32. Verantwortungsbewusstsein: Verantwortung übernehmen und für mein Handeln einstehen
33. Sicherheit und Schutz: Gefahren abwehren, für meine eigene Sicherheit oder die anderer Menschen sorgen
34. Sinnlichkeit und Lust: angenehme und sinnliche Erfahrungen schaffen oder genießen
35. Sexualität: meine Sexualität erkunden und zum Ausdruck bringen
36. Kompetenz: meine Fähigkeiten kontinuierlich anwenden, verbessern und mich voll dabei einbringen
37. Hilfsbereitschaft: unterstützen, fördern und für mich selbst oder andere verfügbar sein
38. Vertrauen: vertrauenswürdig, loyal, treu, aufrichtig und verlässlich sein
39. Weiteres: ....
....
....
40. Weiteres: ....
....
....

Adaptiert aus Russ Harris: *The Confidence Gap. From Fear to Freedom*, Penguin Group (Australien), Camberwell 2010.

Ich habe meine Werthaltungen ermittelt – und was nun?
Nun setzt du sie in die Praxis um! Ein sinnvolles Leben wird dir nicht geschenkt – du musst einen aktiven Beitrag dazu leisten. Als Erstes unterteilst du dein Leben in VIER BEREICHE:

1. Gesundheit

Schließt physisches, psychisches und spirituelles Wohlbefinden ein.

2. Freizeit

Schließt Spaß und Spiel ein – Entspannung, Sport, Hobbys, schöpferische Aktivitäten.

3. Arbeit / Bildung

Schließt unbezahlte Tätigkeiten (zum Beispiel ehrenamtliche), Aus- und Weiterbildung und Selbstentwicklung (wie Bücherlesen) ein.

4. Beziehungen

Schließt Freunde, Familie, Nachbarn, Arbeitskollegen usw. ein.

Anmerkung: Nehmen Sie sich einen Lebensbereich nach dem anderen vor, damit Sie sich nicht überfordert fühlen und das Handtuch werfen. Im Lauf der Zeit haben Sie dann alle »durchgeackert«.

Womit fange ich an?
Setz dir zuerst sinnvolle Ziele, ein Prozess, der fünf Schritte umfasst:

Schritt 1: Die eigenen Werte zusammenfassen

Listen Sie vier oder fünf Ihrer wichtigsten Werte im gewählten Lebensbereich schriftlich auf.

Meine wichtigsten Werte in der Beziehung zu meiner Frau sind Liebe, Fürsorge, Aufrichtigkeit und Unterstützung.
Gesundheit – meine wichtigsten Werte sind Selbstermutigung und Mitgefühl mit mir selbst.

Schritt 2: Sich ein unmittelbar zu erreichendes Ziel setzen

Bauen Sie Selbstvertrauen auf, indem Sie sich als Erstes ein kleines, leichtes Ziel setzen, das Sie noch heute realisieren können!

Achten Sie auf eine konkrete Formulierung:

Ich werde meine Frau anrufen und ihr sagen, dass ich sie liebe.
Ich werde in der Mittagspause zehn Minuten spazieren gehen.
Ich werde mir eine gesunde Mahlzeit zubereiten.

Denken Sie daran: Eine Reise von 1000 Meilen beginnt mit dem ersten Schritt!

Schritt 3: Sich kurzfristige Ziele setzen

Welche kleinen, wertkonformen Ziele können Sie innerhalb der kommenden Tage oder Wochen verwirklichen?

Ich würde mich gerne sozial engagieren, aber mein Job lässt mir dafür keine Zeit ...
deshalb halte ich im Internet nach einer sinnvolleren beruflichen Tätigkeit Ausschau.

Denken Sie daran: Viele kleine Schritte summieren sich.

Schritt 4: Sich mittelfristige Ziele setzen

Nun erweitern Sie Ihren Zeithorizont. Achten Sie auch hier wieder auf konkrete Formulierungen.

Ich lege Wert auf einen pfleglichen Umgang mit meinem Körper. Ich werde bis spätestens Ende des Monats in ein Fitnesscenter eintreten.
Ich werde an drei Abenden in der Woche gesunde Mahlzeiten zubereiten.
Ich werde jeden Tag 20 Minuten spazieren gehen.

Schritt 5: Sich langfristige Ziele setzen

Welche Aktivitäten oder Herausforderungen bringen mich auf den ANGESTREBTEN KURS?
Was würde ich gerne in den nächsten sechs Monaten, in einem Jahr, in fünf Jahren usw. erreicht haben?

Aktionsplan

Nun filtern Sie einen Aktionsplan aus Ihren Zielen heraus:

- Welche Zwischenschritte sind erforderlich, um mein Ziel zu erreichen?
- Welche Ressourcen brauche ich?
- Wann genau werde ich diese zielführenden Aktivitäten in Angriff nehmen?

Wenn Ihr Ziel darin besteht, dreimal in der Woche im Fitnesscenter zu trainieren, könnte Ihr Aktionsplan folgendermaßen aussehen:

In ein Fitnesscenter eintreten

Sportkleidung besorgen

Zeit für das Training einplanen
November
M D M D F S S

Folgende Ressourcen könnten erforderlich sein:

Geld für den Mitgliedsbeitrag

Sportkleidung
€ 30

Eine Sporttasche, um die Sachen zu verstauen

Eine konkrete Formulierung könnte beinhalten:

Ich packe jetzt meine Tasche.
Ich melde mich noch heute Abend nach Arbeitsschluss an.
Ich gehe gleich hin und beginne mit dem Training.

Aber was ist, wenn mir die nötigen Mittel fehlen?

Wir können

- das Ziel ändern,

Ich könnte joggen – das kostet nichts!

- einen Aktionsplan ausarbeiten, um das Geld aufzubringen.

Ich werde rigoros sparen!

Manchmal handelt es sich bei den erforderlichen Ressourcen um **Fähigkeiten**:

Mein Ziel besteht darin, meine zwischenmenschlichen Beziehungen zu verbessern, aber ich weiß nicht, wie!

Wir können

- auf den Erwerb der Fähigkeiten schrittweise hinarbeiten,
- uns das nötige Wissen auf eigene Faust aneignen, zum Beispiel durch Recherche / Fachlektüre usw.
- einen Kurs absolvieren.

ÜBUNG

Halten Sie Folgendes schriftlich fest:

- einen Lebensbereich, an dem Sie arbeiten wollen,
- Ihre persönlichen Werte in diesem Bereich,
- Ziele (unmittelbare, kurzfristige, mittelfristige, langfristige),
- Ihren Aktionsplan für die Realisierung der unmittelbaren und kurzfristigen Ziele.

Die gute Nachricht ist:

Sobald wir beginnen, unser Ziel anzusteuern, lassen wir uns nicht mehr treiben und können das Beste aus der Reise machen, weil wir wissen, dass wir uns auf dem RICHTIGEN KURS befinden!

KAPITEL 14

Erfüllung finden

In einem wertkonformen Leben ist die Wahrscheinlichkeit größer, dass du deine Ziele erreichst.
Warum?
Weil du stärker motiviert bist, deine Ziele zu verfolgen, wenn sie sich in Einklang mit deinen Werten befinden.
Außerdem: Sich mit den eigenen Werten zu verbinden und das Handeln daran auszurichten, bringt unmittelbare Erfüllung.
Wie das?
Angenommen, du träumst von einem Eigenheim – das ist dein Ziel –, aber du kannst es dir im Moment noch nicht leisten. Warum würdest du dieses Ziel trotzdem verfolgen?
Um Sicherheit zu schaffen und für meine Familie zu sorgen.
Der Kernwert wäre hier also »Für die Familie sorgen«, richtig?
Genau.
Nun, du kannst auf jede erdenkliche Art für deine Familie sorgen.
Ich verstehe. Ich kann auch ohne Eigenheim ein erfülltes Leben führen, wenn ich es an meinen Werten ausrichte.

Wenn du glaubst, du kannst erst dann glücklich sein, wenn du dein Ziel erreicht hast, wirst du immer auf den Mangel gepolt sein!
Aber ich möchte unbedingt ein eigenes Dach über dem Kopf haben!
Du sollst dein Ziel ja nicht aufgeben! Fang an zu sparen!
Ich muss also nicht warten, bis ich das Haus habe, um Befriedigung darüber zu empfinden, dass ich für meine Familie sorgen kann.

Hier einige weitere Beispiele:

Welchen **Kernwert** beinhaltet dieses Ziel?

Ich würde gerne Arzt werden, aber die Ausbildung ist lang und mühselig!
Ich wäre in der Lage, Menschen zu helfen!

Es gibt viele Möglichkeiten, diesen Wunsch unverzüglich umzusetzen!

Ein weitverbreitetes Ziel besteht darin, einen Lebenspartner zu finden …

Seufz, ich bin sooo einsam!

… und man fühlt sich elend, wenn man keinen hat!

Welcher **Kernwert** liegt diesem Ziel zugrunde?

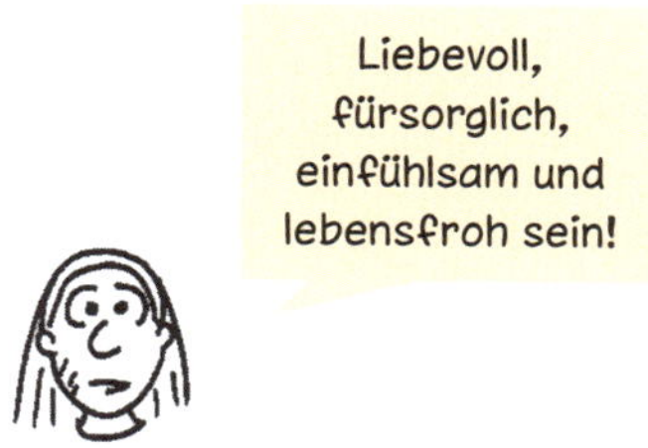
Liebevoll,
fürsorglich,
einfühlsam und
lebensfroh sein!

Wir können diesen Wert auch im Familien- oder Freundeskreis oder im Umgang mit uns selbst leben.

Aber das ist
nicht das
Gleiche!

Stimmt, aber wir haben die **Wahl**,

- unserem Leben hier und jetzt Sinn zu verleihen, indem wir es an unseren Werten ausrichten, oder
- unglücklich zu sein, weil wir auf das Ziel fixiert sind, das wir noch nicht erreicht haben.

Und was ist,
wenn ich mein
Ziel erreicht
habe?
Es wird immer
irgendetwas anderes
geben, was du
anstrebst.

Wer sich ausschließlich auf Ziele fokussiert, wird nie wirklich ankommen. Werte verankern uns im Leben.

KAPITEL 15

Ein Leben in Fülle

Ein nützliches Nebenprodukt beim Aufbau eines sinnvollen Lebens sind die **positiven Erfahrungen**, die damit einhergehen.

Das ist doch eine gute Sache, oder?
Natürlich – und es empfiehlt sich, diese Erfahrungen voll auszukosten …
… aber sie zum vorrangigen LEBENSZIEL zu machen, ist wenig hilfreich.
Wieso?

Weil wir am Ende wieder in der **Glücksfalle** landen!

Je mehr wir uns darauf fokussieren, nur angenehme Gefühle zuzulassen …

… desto heftiger wehren wir uns gegen die unangenehmen.

Und was soll ich mit den angenehmen Gefühlen anfangen?
Verleih ihnen einen SINN!
Jeder Tag bringt zahllose Chancen mit sich, das Leben wertzuschätzen, auch wenn wir noch an der Verbesserung unserer Lebensqualität arbeiten!
Aber häufig übersehen wir solche Gelegenheiten.
ACHTSAMKEIT schärft die Wahrnehmung und öffnet uns die Augen für die Fülle, die uns umgibt!
Wie fördert man diese Form der Achtsamkeit?
Zum Beispiel können wir ...

Langsam essen und eine Mahlzeit genießen.

Jede Geschmacksnuance wahrnehmen. Den Empfindungen nachspüren, die im Mund ausgelöst werden.

Dem Regen Aufmerksamkeit schenken.

Auf Tonlage und Lautstärke achten. Beobachten, welche Muster er hinterlässt. Tief einatmen, um den Geruch der Luft wahrzunehmen.

Den Sonnenschein wertschätzen.

Die Wärme auf der Haut spüren. Sich bewusst machen, dass die ganze Welt mit einem Mal licht und hell wird.

Sich voll einbringen, wenn wir jemanden umarmen, küssen oder mit Handschlag begrüßen.

Spüren, wie sich das anfühlt. Die Wärme und Offenheit der Geste aufnehmen, sie durch den ganzen Körper fließen lassen.

Ein gutes Gefühl auskosten.

Spüren, wie es sich im Körper anfühlt. Das Augenmerk auf die Empfindungen, Gedanken und Vorstellungsbilder richten. Die Erfahrung wertschätzen.

Einem nahestehenden Menschen in die Augen schauen, als wäre es das erste Mal.

Alles wahrnehmen, was ihn ausmacht – Gestik, Bewegungen, individuelle Merkmale.

Ein Tier mit kindlicher Neugierde beobachten.

Auf seine Farben, Bewegungen, Konturen achten.

Einen vertrauten Gegenstand so genau in Augenschein nehmen, als hätte man dergleichen noch nie gesehen.

Ihn mit allen Sinnen erforschen, seine Funktion würdigen.

Vor dem Aufstehen zehn tiefe Atemzüge nehmen.

Auf die Bewegung der Lunge achten und über ihren beeindruckenden Beitrag zum Erhalt des Lebens staunen.

Wenn wir beginnen, uns mit unseren **Werten** zu verbinden und in Übereinstimmung mit ihnen zu handeln, können wir oft auch bei anderen Menschen einen **Wandel** feststellen.

Je mehr wir zu dem Menschen werden, der wir gerne sein möchten …

… desto positiver die Reaktionen auf uns.

Wir sollten diese Reaktionen genießen, achtsam sein und jede Erfahrung bewusst wahrnehmen und würdigen.

Wenn unser Verhalten von Offenheit, Freundlichkeit und Akzeptanz geprägt ist, wird man uns gleichermaßen entgegenkommen …

… meistens jedenfalls! (Wenn nicht, haken Sie die Erfahrung ab!)

Wir sollten jede positive Interaktion genießen und die Fülle in unserem Leben wahrnehmen.

Wir sollten **positive Verbindungen** aufbauen, indem wir:

Zum Ausdruck bringen, was wir an anderen, am Leben und an uns selbst schätzen:

Das hast du gut gemacht.

Probleme und Belohnungen teilen.

Ich möchte dir etwas sagen ... okay?

Mitteilen, was wir von anderen halten.

Du bist der beste Freund, den man sich nur wünschen kann!

Wenn wir Ziele erreichen, die sich in Einklang mit unseren Werten befinden, stellt sich oft von selbst ein Gefühl der inneren Zufriedenheit ein. Wir sollten ihm nachspüren und die Erfahrung genießen, dass wir uns auch über die einfachen Dinge im Leben freuen können.

So! Jetzt sieht es ordentlich aus!

Eine leckere, gesunde Mahlzeit!

Wollte nur mal kurz Hallo sagen!

Oft entgehen uns diese Dinge, wenn das denkende Selbst versucht, uns mit seinen Geschichten abzulenken.

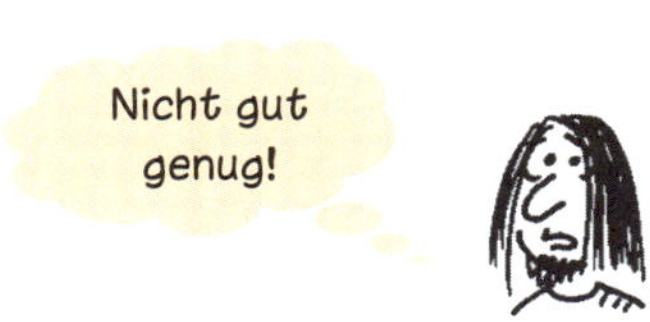
Nicht gut genug!

Achtsamkeit

- öffnet die Augen für die schönen Dinge im Leben, die wir vielleicht als selbstverständlich hinnehmen,
- trägt zum Aufbau und Erhalt einer Kultur der Offenheit und Neugierde bei,
- hilft uns, die ganze Bandbreite der Chancen zu erkennen,
- bietet Anregungen und fördert das Interesse,
- verbessert die zwischenmenschlichen Beziehungen,
- führt zu wahrer Erfüllung,
- ermöglicht effektives, wertkonformes Handeln.

Natürlich fällt es uns leichter, achtsam zu sein, wenn im Leben alles glattläuft.
In stürmischen Zeiten versuchen die Gedanken, uns vom Kurs abzubringen.
Dann sollten wir uns daran erinnern, wie wichtig Achtsamkeit ist!
Und uns wieder auf Kurs bringen, sobald wir abdriften!

KAPITEL 16

Willenskraft

Angenommen, wir haben beschlossen, einen Berg zu besteigen, um die spektakuläre Aussicht vom Gipfel zu genießen.

Auf halber Höhe wird der Pfad steil, schmal und felsig.
Wir frieren, sind erschöpft und nass …

… und wir wissen, dass es nur schlimmer werden kann.

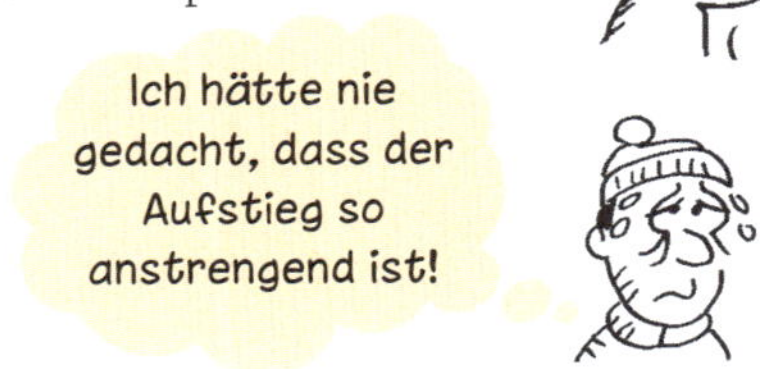
Ich hätte nie gedacht, dass der Aufstieg so anstrengend ist!

Doch wir sind bereit, die Widrigkeiten zu akzeptieren, nicht weil wir diese Erfahrungen anstreben oder genießen, sondern weil sie unabdingbar sind, um unser Ziel zu erreichen.

Ich werde stolz sein, wenn ich es geschafft habe, und die herrliche Aussicht genießen!

Und sollten wir den Wunsch verspüren, ein Buch zu schreiben, werden wir auch hier auf Hindernisse stoßen:

Sich von unangenehmen Gedanken und Gefühlen vereinnahmen lassen

Das schaffe ich nie.
Was ist, wenn es schiefgeht?
Ich bin nicht gut genug.
Mir wird angst und bange.

Verzögern und aufschieben **oder** **Vermeiden und ablenken**

Es eilt nicht.
Termin 1 Woche
Darüber kann ich mir jetzt nicht den Kopf zerbrechen.
Ich habe Durst.

Schließlich schaffen wir es vielleicht doch noch, uns aufzuraffen …

Also gut – ich werde mir ein erreichbares Ziel setzen.
10 Seiten
pro Tag

… und dem Vorhaben einen **Sinn** zu verleihen …

Auf welchen Werthaltungen basiert dieses Ziel?
•Herausforderung für mich selbst
•anderen helfen
•kreativ sein

… und uns bewusst zu machen, dass sich die Mühe lohnt, ungeachtet des Ergebnisses.

Allein dadurch erweitere ich meine Fähigkeiten.

Doch nun geht es zur Sache und es wird schwieriger.

Ich habe eine Schreibblockade.

Wir geraten in Versuchung, aufzugeben …

Das macht keinen Spaß!

… und hier kommt die Willenskraft ins Spiel.

Aber wie dem auch sei, ich mache weiter!

Willenskraft heißt:

- entschlossen Raum für unangenehme Gedanken und Gefühle schaffen, um einer sinnvollen Tätigkeit nachzugehen,
- die eigene Komfortzone verlassen, um einer Tätigkeit nachzugehen, die wir wertschätzen.

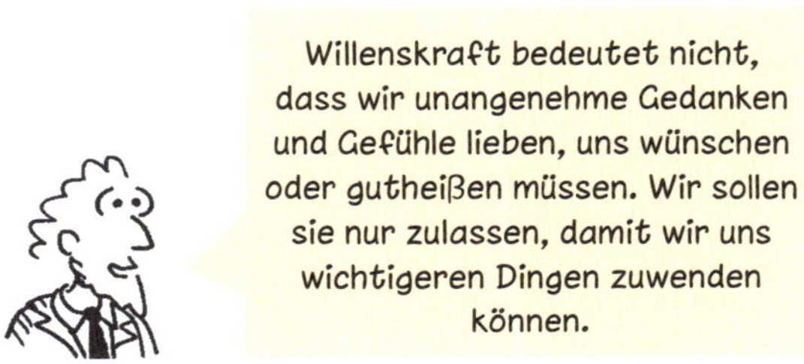
Willenskraft bedeutet nicht, dass wir unangenehme Gedanken und Gefühle lieben, uns wünschen oder gutheißen müssen. Wir sollen sie nur zulassen, damit wir uns wichtigeren Dingen zuwenden können.

Willenskraft ist eine Eigenschaft, die wir jeden Tag im kleinen Rahmen unter Beweis stellen.

Welche Gedanken, Gefühle, Empfindungen und Bedürfnisse bin ich gewillt zuzulassen, um Dinge zu tun, die mir wirklich wichtig sind?

Wenn wir ins Kino gehen, sind wir bereit, für die Eintrittskarte zu zahlen.

Wenn wir Urlaub machen wollen, sind wir bereit, Koffer zu packen.

Müde!

Wenn wir eine Prüfung vor uns haben, sind wir bereit, dafür zu lernen.

Willenskraft ist der einzige Weg, um Hindernisse zu überwinden. Wenn wir auf ein Hindernis stoßen, können wir sagen:

Nein, danke!

Dann treten wir auf der Stelle oder engen unseren Aktionsradius ein.
Oder wir sagen:

Ja!

In diesem Fall gibt es keine Garantie, dass unser Leben leichter wird oder dass keine noch größeren Schwierigkeiten oder Hürden auf dem Weg warten, der vor uns liegt.

Doch wenn wir Ja sagen, verschaffen wir unserem Leben mehr Freiraum.

Wie soll ich meinem Leben mehr Freiraum verschaffen, wenn ich ständig auf Hindernisse stoße?
Wenn du Ja sagst, gewinnst du Erfahrung und innere Stärke. Du wächst als Mensch.

Wenn es uns wichtig ist, einen Partner zu finden, machen wir vielleicht folgende Erfahrungen:

Bedauern
Zweifel
Besorgnis

Und unter Umständen warten einige echte Enttäuschungen auf uns!

Entweder sind wir gewillt, diese Erfahrungen zu machen, oder wir verweigern uns ihnen.

Der Typ war es wert!

Vielleicht halten wir nach einer sinnvolleren beruflichen Tätigkeit Ausschau …

Früher waren mir Geld und Status wichtig. Jetzt möchte ich Menschen helfen.

… was zur Folge haben könnte:

- geringere Bezahlung
- jahrelange Zusatzausbildung
- Missbilligung der Eltern

Doch wo ein Wille ist, ist bekanntlich auch ein Weg.

Frustration
negative Gedanken
finanzielle Unsicherheit
Zweifel
Verletzbarkeit
alte »Geschichten«

ÜBUNG

Listen Sie alle Erfahrungen auf, die Sie zulassen würden, um Ihr Ziel zu erreichen.

Gedanken
Schaffe ich nicht
Zu schwierig
Gefühle
Angst
Langeweile
Körperempfindungen
Herzrasen
Kieferverspannung
Bedürfnisse
Flucht
Frustessen

Gibt es irgendeine Erfahrung, mit der ich nicht umgehen kann?
Nein!

Und nun fragen Sie sich:

(Vorausgesetzt, Sie haben die Übungen zum Platzschaffen, zur Entschärfung und Verbindung mit dem Hier und Jetzt gemacht.)

Welche Erinnerungshilfen sind hilfreich?
Berühmte Zitate

Was ist der kleinste und leichteste Schritt, mit dem ich beginnen kann?
Internet-Recherche

Und wann soll ich damit anfangen?
JETZT!

KAPITEL 17

Ein sinnerfülltes Leben

Wir können die **ACT**-Prinzipien in allen Lebensbereichen anwenden, die wir verbessern möchten, indem wir …

Gesundheit

Freizeit

Arbeit / Bildung

Beziehungen

… uns voll in jede Aktivität einbringen.

… im Umgang mit anderen 100-prozentig präsent sind.

… nutzlose Gedanken entschärfen.

… unangenehmen Gefühlen Raum verschaffen.

… in Einklang mit unseren Werthaltungen leben.

Die Herausforderung, ACT mit Gelassenheit umzusetzen

Entwickle den Mut, jene Probleme zu lösen, die lösbar sind, die Gelassenheit, jene Probleme zu akzeptieren, die nicht zu lösen sind, und die Weisheit, das eine vom anderen zu unterscheiden.

Abgewandelt aus dem »Gelassenheitsgebet«

Wenn sich Probleme lösen lassen …

Knapp bei Kasse

… sollten wir effektiv und wertkonform handeln.

Lassen sie sich nicht lösen …

Behinderung

… sollten wir sie mittels Defusion, Platzschaffen und Verbindung mit dem Hier und Jetzt akzeptieren.

Und darauf achten, die Verbindung mit dem Hier und Jetzt herzustellen.

Sich auf den gegenwärtigen Augenblick fokussieren

Wir können **unangenehme Erfahrungen** entweder **akzeptieren** oder **effektive, wertkonforme Aktivitäten einleiten**. Oder beides gleichzeitig tun.

Wir sollten uns dabei voll in jede Aktivität einbringen, in Übereinstimmung mit unseren Werten handeln und auf die Auswirkungen achten.

Wir sollten uns außerdem vor Augen halten: Die Vergangenheit existiert nicht; sie besteht nur aus Erinnerungen in der Gegenwart. Auch die Zukunft existiert nicht; sie besteht nur aus Gedanken und Vorstellungsbildern in der Gegenwart.

Was bleibt also?
DAS HIER UND JETZT!
Und nicht vergessen: Das Leben hält das Beste für diejenigen bereit, die das Beste aus dem machen, was das Leben für sie bereithält!